言い方ひとつで
ここまで変わる

教師のすごい！会話術

森川正樹
Morikawa Masaki

東洋館出版社

プロローグ　教師の会話術を磨く方法

大学生のとき、私はキャンプのリーダーを経験しました。兵庫県で小学五年生を対象に実施されている自然体験宿泊プログラム「自然学校」のリーダーです。

毎回、初めて顔を合わせる百人前後の子どもたちを引率し、キャンプに参加している子どもたちや大人のスタッフの前に立って話をする——まだ教師の経験もなく、普通の学生だった私の生活の中に「人前で話をする」ということが組み込まれていったのがこの頃でした。

この経験を通して、私は初めて肌で感じたことがあります。

それは、**「リーダーによって子どもたちの食いつき方がまったく違う」**ということです。

最初は下を向いていた子どもでも、話し手が変わると、みるみる前のめりになっていきます。全身で聞いている、毛穴一つひとつまで集中して聞いている……。

そのような子どもたちを目の当たりにし、私は、どのようにしたら子どもたちが自分の話を真剣に聞いてくれるのかということを意識するようになりました。

自分の「話し方」を強く意識し始めた瞬間です。

それからというもの、私は常に持ち歩いていたメモ帳に、すごいと思うリーダーが投げかけている言葉や、子どもたちへの指示の仕方をメモしていきました。

リーダーが指示したあと、子どもの動きが目に見えて変われば、「うぉー、なるほど！」とひとり言を言ってメモに書きつけます。とにかくちょっとしたスキマ時間を見つけては、ひたすらメモを取っていきました。

つまり、**「人前で話をする」という新しい経験に出合ったとき、私が最初に行ったことが、「よい言葉の採集」**だったわけです。

すごい！会話術① 「よい言葉」を採集する

その後、私は教師になり、大勢の前で話をすることが日常になりました。授業で話す、引率で話す、朝の会や帰りの会で話す、何気ないおしゃべり……毎日毎日、子どもたちに話をします。私のメモ帳はますます活用度を増していきました。

私が投げかけた言葉に子どもたちが手応えのある反応をしてくれたらメモ、先輩の先生の授業や研修会で感動した言葉をメモ、そして本を読んではメモ。

何せ、「話し方」という明確に意識すべき対象がありましたから、脳のアンテナが自然にピコン！　と反応してペンを持つ手に情報を送ってくれるようでした。

よい言葉の採集は今でも続いています。メモ帳は百五十冊を超えました。


想像してみてください。

先生が話したら、クラス中の子どもたちの頭の上に「！」がビヨンと立つ。

このくり返しが、生き生きした教室をつくります。このくり返しが、やる気のある教室をつくります。このくり返しが、相手に真剣に向き合う教室をつくります。

「！」が立つ話し方とは？

「！」が立つ会話術とは？

それを意識しながらため続けた「〝**教室コトバ**〟**集**」が本書です。私自身が発してみて、子どもたちが「動いた」言葉を、いわばその場で瞬間冷凍したものです。

さて……、そのコトバ集に入る前に、まずは私が会話術を磨く上で重要だと考えていることをご紹介したいと思います。

すごい！会話術②　何より重要な「聞く力」

「会話術」を磨くための何より重要な下地が**「聞く力」**です。「聞き手」としての意識が高くなければ、子どもにとっての「よい話し手」になることは難しいでしょう。

①子どもの話を最後まで聞く、②子どもの話に共感する、③子どもの話を聞き出す――ひと口に「聞く力」といっても様々あります。

①は、「何気ないおしゃべり」に代表されます。子どもたちが話しかけてきたときに、その話を必ず最後まで聞くことは、当たり前ですが本当に大切なこと。何気ないおしゃべりほど大切なコミュニケーションはありません。会話の内容以前に、その子の調子や心の動きなどを肌レベルで感じることができるからです。

私は、**「自分の半径五メートル以内の子どもの声すべてを拾う」**という意識で子どもたちに接するようにしています。まさに〝教師は聖徳太子であれ〟だと思います。

②も一見当たり前のようですが、意外と見落としがちなことです。人から話を振られたときに「なるほど」とか「美味しいね」などとひと言返す。このような共感の言葉があってこそ、話し手も話す意欲がわいてくるものです。「ほめる」ということも、ある意味では共感を示すことと同じと言えるでしょう。

大切なのは、共感したりほめたりする姿勢を教師自らが示していくことです。**些細なことでも子どもをほめ、共感することで、子どもは安心感を覚えます。「この先生には何でも話せるな」と思う関係づくりができる**のです。

③は、うまく話せない子に接する場面でのことです。こちらが聞いているだけではなかなか話せない子もいますが、そのようなときには、まず**「待つ」**ことです。

私がまだ教師になったばかりの頃に、「教師というのは一分間我慢できないものだ」と教えてもらったことがありました。子どもが沈黙しているのは話す内容を考えている最中だからなのかもしれないのに、子どもが口を開く前に、教師が焦って話し始めてしまうというわけです。

ですから、まずは「待つ」ということ。待って、待って、子どもが言葉を継げないようであれば、「こういうことが言いたいんだよね」などと、代わりに言ってあげればいいでしょう。

また、教師は**「学級の子どもたちを代表して聞いている」**立場であることも忘れてはいけません。うまく話せない子にヤジを飛ばしたり、からかったりする子に対しては毅然と注意するべきですし、「発表者を守る聞き手」となることも忘れてはいけません。

さらに、少し矛盾するようですが、「不親切な聞き手」となることも重要です。子どもの発言にいつも教師が丁寧に反応していると、子どもたちは教師の様子ばかりを見ながら話すようになるからです。

子ども同士のコミュニケーションが生まれるためには、教師はときとして「一番の聞き手」にならないほうがいい。

このことは、先輩の先生方にもよく教えていただきました。

すごい！会話術③ 「子ども思考」で考える

さて、「会話術」を磨くための下地づくりが「聞く力」だと書きました。

私は、講演などで誰かが話しているのを聞いているときにも、常に**「子どもたちにわかりやすいか」**という観点をもとに**「自分ならどう話すか」**を考えるようにしています。

社会科見学先での専門家による説明、朝会での校長先生の話、研究会での指導助言やワークショップ、パネルディスカッション……教室では話をすることのほうが多い私たち教師ですが、人の話を聞く機会というのも、実はたくさんあります。

「話す順番は、そうきたか」「そのたとえを使うのか」「『静かに！』と言わなくても、こうやったら静かになるのか」などと気づいたことをどんどんメモしていく。同時に、「子どもがわかるかどうか」を意識しながら「自分ならどう言うか」と変換してみるのは、私にとって楽しい習慣になっています。

そのような習慣を通して私が気づいたことの一つに、**「子どもの予定調和を崩す」**というものがあります。「先生はここでこうくるだろう」という子どもの予想を、いい意味で裏切ってみるということです。

言葉やたとえを工夫してみる、タイミングをちょっとずらしてみる……子どもが「あれ!?」と思った瞬間に、〝聞くアンテナ〟がピンと立ちます。

このことの実例も、本書では取り上げていきます。

すごい！会話術④ 印象をガラリと変える「表現力」

これまで、様々な話し手が話すのを意識的に聞いてきましたが、思わず引き込まれてしまう話し方というのは、例外なく「表現力」に優れているものです。

それでは、「表現力」とは一体何なのか――私は、**「描写力」**と**「リズム・間《ま》」**の二つの要素が大きいと考えています。

まずは「描写力」について具体例を挙げてみましょう。

「昨日、先生が帰るときにイチョウの葉っぱを拾いました。きれいだったよ。もう秋だね」

と言うところを、次のように言ってみます。

「昨日、先生が帰るとき……ちょうど五時半くらいかなあ。薄暗い自転車置き場で自転車を出そうと思ったら、一枚の葉っぱが光って落ちていたの。金色に見えました。あんまり

きれいだったから拾いました。それがこれです。きれいでしょ。もう秋だね」。

このように話せば、話に〝物語〟が生まれます。些細な出来事でも〝報告〟ではなく、〝物語〟として話すことができれば、聞き手は話に引き込まれます。その〝物語〟にするための味つけこそが「描写力」なのです。

「描写力」は、「具体」＋「五感」に集約されると考えています。「具体」とは、具体的な人物名、具体的な場所、具体的な会話などのこと。そして「五感」とは、においや色、音、肌触りなどのことです。

「具体」を話の中に織り交ぜつつ、「五感」のテイストを加えれば、そこには物語が生まれるというわけです。

次に、表現力を支えるもう一つの要素だと私が考えている「リズム・間」についてです。リズムよく、適切な間を取って話すことができれば、聞き手は退屈しません。

私が「リズム・間」を身につける練習として実践しているのが、「絵本の読み聞かせ」です。なぜ読み聞かせがよいかと言えば、あらかじめ「話すこと（絵本の内容）」が決まっているので、内容以外の要素に集中して練習できるからです。

さらによいところが、聞き手である子どもたちの反応をダイレクトに感じることができるということ。「お！　ウケた！」「あれ？　反応ないな」などとリアルタイムに実感し、ライブ感覚で「リズム」や「間」を学ぶことができるのです。

私は、「セリフを早く読む」「読む前にあえて沈黙して間をつくる」「机をトントンとたたいて効果音を入れる」など、いろいろな読み方を試しています。詳しくは、本書九十二ページのコラムでも紹介しているので、ご参照ください。

すごい！会話術⑤　「表情」「ユーモア」を武器にする

聞く力、子ども思考、表現力……会話術を磨くための要素をいくつか紹介してきましたが、それらを自分の話の中で実践してみることは何よりも効果的です。

そして、教室で子どもたちに話すときの話材としておすすめなのが**「クラスの子どものエピソードを語る」**ということです。

ここで、私の教室を実況してみましょう。

「昨日、家庭訪問中に誰に会ったと思う？　ここにいる子なんだけど……」（↑問いかけ）
と言ってニコニコしながらクラス中を見回します。（↑表情・視線）
「その子、先生と目が合ったらニヤニヤしてるんよ」（↑じらし）
子どもたちはニコニコして先生の話に集中し始めます。
「で、先生の前をとおせんぼするわけ。困ったもんやわ」（↑じらし・具体）
話題に上っている本人はニヤニヤしています。
「え～先生、誰～？」
「え？　それは言われへんよ。まあ名前の最初に『く』がつくことと、最後に『き』がつくことぐらいしか言われへんなあ」（↑ユーモア・具体）
「え！　それって完全にクラヤマ君やん！」
「いやいやそんなことひと言も言ってへんよ」
と言いつつ、クラヤマ君のほうを凝視。（↑表情・視線・ユーモア）
……というように（何が『というように』だ！）（↑突っ込み）話したら、クラスが爆笑に包まれました。

このように、私は話す際の工夫として「表情」と「短い問いかけ」「じらし」なども使っています。そして大きな戦力となる「ユーモア」。これは外せません。

「ニッコリしながら」「しかめっ面で」「口をあんぐり開けて驚く」など、「表情」は会話術における大きな武器です。子どもたちは先生の顔を本当によく見ているので、この表情だけでクスクス笑ってしまうほどです。

そこに、「短い問いかけ」や「じらし」を加えて、クラス全体を話に巻き込んでいきます。「～だよね？」と視線を送ったりするだけでも、〝思わず聞きたくなる感〟を演出できます。そして随所に「ユーモア」をはさめば、話を聞いていないという子どもは一人もいなくなることでしょう。

私のクラスの子どもたちは、放課後や休み時間に面白い出来事があったりすると、「先生、この話、みんなの前でする？」と何度も聞いて、話してくれとせがみます。子どもたちは先生の面白おかしい話に取り上げてもらいたいのです。

クラスの子のエピソードは、子どもたちみんなが当事者意識を持って聞きやすいというよさがあるのです。

最後に……「すごい会話術」で忘れてはいけないこと

そして、最後にもう一つ。役に立つ言い回しや話し方のテクニックをたくさん知っておくことは大切ですが、その大前提として忘れてはいけないと思うことがあります。

それは、**「〝何を話すか〟を支えるのは〝誰が話すか〟である」**ということです。

同じことを子どもに伝えても、A先生なら子どもが動き、B先生なら子どもが動かない、ということは実際にあります。「誰が言うか」はやはり大きい。

その先生が信頼できるか、その先生の話が面白いか、その先生が自分たちのことを見てくれているのか、その先生の話が聞くに値するか――厳しいようですが、私たち教師はいつどんなときも子どもたちに判断されているのです。

会話にはその人の生き方が出ます。それはもう赤裸々に出ます。会話は知性、会話は人柄、会話は心。子どもたちとともに生きる教師にとって、その先生の「言葉」は子どもにも大きな影響を与えるのです。

だからこそ、私は、魅力的な人間になりたいといつも思っています。

様々なものを見、様々なものを聞き、いつも好奇心旺盛で、教師自身が情報の発信源となるような先生になりたい。堂々と子どもたちの前に立てるように、真摯に誠実に一生懸命に毎日を生きていきたい。

「この先生の話が聞きたい！」と子どもが思ってくれるような先生になることが、もしかすると会話術を磨く一番の近道と言えるのかもしれません。

それではお待たせしました。

「教師のすごい！会話術」、実践編をお届けします。

目次

part 1

教師の「話し方」でここまで変わる！

【日常生活】編

part 2

子どものやる気にどう火をつける？
【授業の中で】編

part 3

子どもが動きたくなる言葉とは【ほめ方・叱り方】編

part 4

【とっさのひと言】編
教師のすごい！切り返し方

part 5

【教師の口癖】編
「意識」と「言葉」はつながっている！

part 1

【日常生活】編

教師の「話し方」でここまで変わる!

新しいクラスを受け持つと、
私は子どもたちに必ず伝えておくことがあります。

「マイナスの言葉」を言いません。

新学期、何よりもまず子どもたちに伝えたいこと

意識、言葉、行動、この三つはすべてつながっています。意識を変えれば言葉が変わるし、言葉が変われば行動も変わる。すべてがにわとりと卵のような関係なのです。

たとえば、寝不足が続いて気分もどんよりとしているときでも、「よし、もうひと頑張り！」と口に出してみると不思議と力がわいてきませんか。逆に「もうだめだ……」などと口に出したが最後、ますます気持ちも沈んでいきます。

クラスの子どもたちでも同じことです。**子どもたちの心豊かな成長や、前向きな集団をつくるためには、まずは「マイナスの言葉」をなくすこと。**それが、新しい仲間たちとよい関係を築くベースになると思っています。

子どもたちの中から「えー」とか「いやや一」という言葉が出てきたら、私は間髪をいれずに指導します。そうしてマイナスの言葉がなくなれば、空いたスペースに生まれるのはプラスの言葉です。「やったー！」「面白そう！」といった言葉が飛び交うようになれば、クラスの大きな成長はもう目の前でしょう。

クラスが成長する「スタート地点」

昨日は姿勢が悪かった子が、背筋をピンと伸ばしている。
昨日まで発表できなかった子が、自分から手を挙げた。
そんな瞬間を見逃さずに声をかけます。

昨日からの成長だね。

毎日一回、かけたい言葉

一見些細なことでも、その子にとっては大きな成長――〝一ミリの成長〟を発見できるのは、担任の先生に与えられた〝特権〟です。そして、それを一緒に喜べるのもまた、教師という仕事の素晴らしさなのです。

私は、「またやらかした」と百回言うより、「一つ成長したね」と毎日一回言える教師になりたいと思います。そのためには、一日一日を大切に、子どもたちの「昨日からの成長」を感じ取ろうとすることです。とにかく**子どもを「見る」**以外に方法はありません。

小さな変化も見逃さないよう、意識して子どもを見ていれば、自然とその子の成長が目に飛び込んでくるようになります。小さな成長を見つけたら、すかさずほめます。ほめられた子は「この先生は私のことをしっかりと見てくれている」と感じ取ります。そしてまたほめてもらいたいと思って頑張ります。こうして、いい循環が生まれていきます。

子どもたち一人ひとりの成長の度に自分も喜べるのは、教師という仕事ならではの楽しみでもあるのです。

ほめるために、子どもを「見る」

教室の電気がついていないのに気づいたとき、
「電気つけ忘れているのは誰ですか？」と聞くことがあります。
でも、日頃から意識しておきたいのは、むしろ逆の場合です。

電気つけてくれたのは誰ですか。

教師の仕事は「あら探し」ではなく「宝探し」

「○○するのを忘れたのは誰ですか」と、「○○してくれたのは誰ですか」。

子どもと接するとき、ベースをどちらに置いているでしょうか。前者は子どもたちができなかったことを見つけて指摘する言葉、後者はできたことを認める言葉です。

子どもたちが自分でできることを増やしてあげたいという思いから、ともすれば「できなかったこと」探しに重点を置いてしまっていることはないでしょうか。周りにも、「欠点探しが仕事だと思っているのでは？」とツッコミを入れたくなる先生がいるかもしれません（笑）。

子どもの「あら探し」をするのか。

それとも、子どもの「宝探し」をするのか。

やはり**ベースは「宝探し」**のほうでありたいものです。

「頑張ったことを見つけよう」「昨日よりも成長したことを見つけよう」と一日の始まりに意識すれば、子どもたちにかける言葉もどんどん変わっていくことでしょう。

毎日を「宝探し」にすれば、仕事は楽しい

クラス全員で教室移動をするとき、
「静かに！」と何度言っても、指示が空回りしてしまう……。
そこで、教室から出る前にひと言添えます。

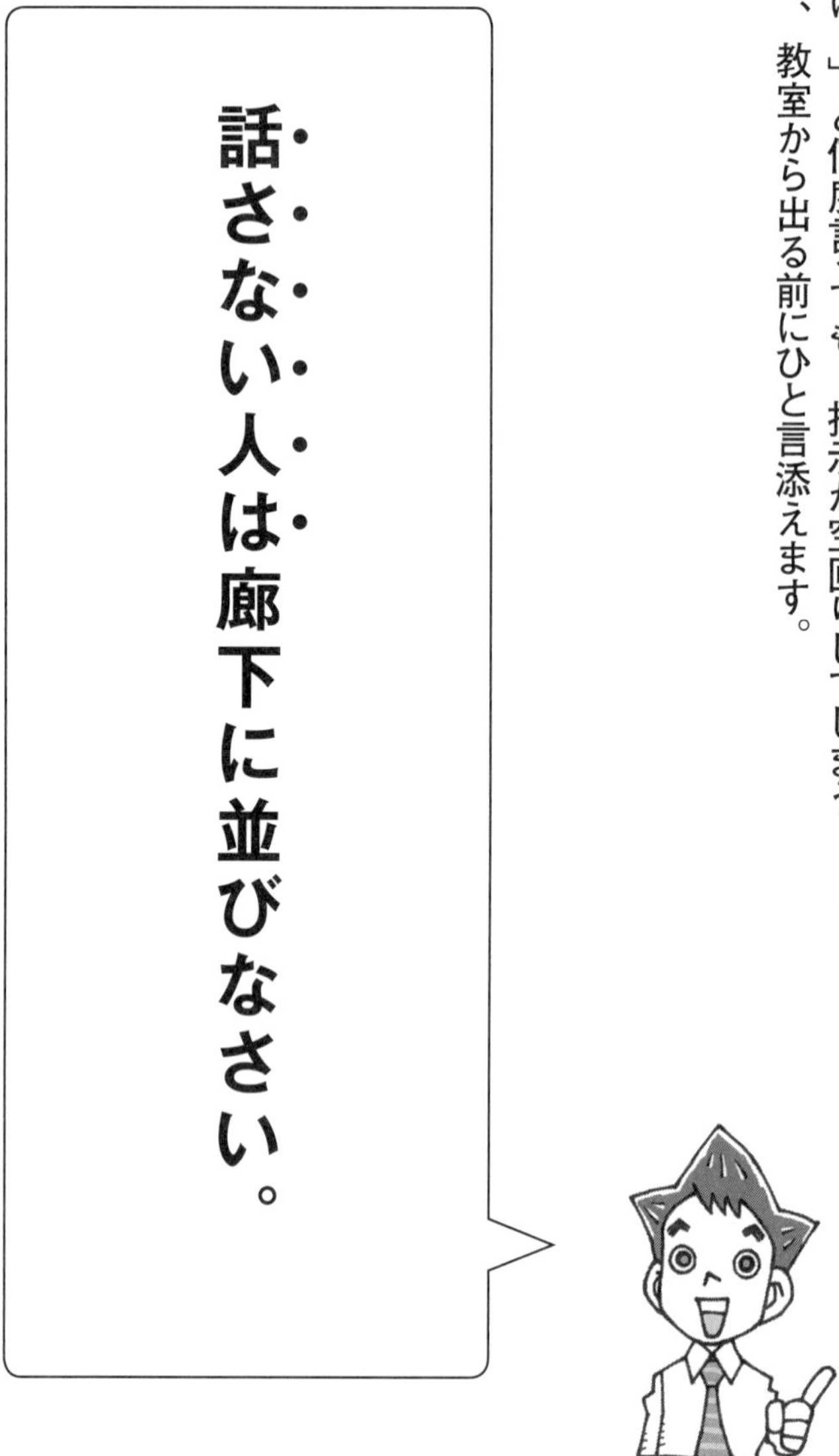

注意と指示は同時にできる

「静かにしなさい」よりも効果のあるひと言

教師はとかく、子どもたちに対して「○○してはいけません」という注意を口にしがちです。注意することで子どもたちを「あるべき状態」にしてから、次の行動を指示しようとすることが多いのではないでしょうか。

しかし、注意すると同時に次の行動を伝えられるのが、この言い方です。

「明日、ノートを持ってこられる人は↓座りなさい」
「先生の言うことがわかる人は↓出発しなさい」
「決まりを守れる人は↓プールに入りなさい」
「○○できる人（○○しない人）」という注意と「○○しなさい」という指示をセットにして伝えるのです。

このような言い方は、**やるべきことが明確になるため、子どもたちにも伝わりやすいもの**のです。授業や活動の流れを切ってしまうこともありません。指示した次の瞬間には子どもたちが行動に移ることができる、コンパクトで効果的な声がけなのです。

音楽発表会のための全体練習をしているとき、
「静かにしなさい」「音を出しません」と言うよりも
効果的な言葉があります。

音をゼロにしなさい。

団体行動のときの子どもの動かし方

学芸会や音楽会の準備のため、学年全体で楽器を演奏するというとき、「静かにしなさい」「音を立てません」と注意をくり返しても、子どもたちはどこ吹く風……集団で盛り上がってしまい、収拾がつかなくなったという経験をしたことはないでしょうか。

こういう場面で効果的なのが、**「イメージを喚起させる言葉」**です。「音をゼロにしなさい」と言えば、楽器の音を立てないイメージが瞬時に伝わります。これは、体育祭の練習で「音を一つにします」と言って行進を揃えさせたり、遠足で「鳥の声を聞いてみなさい」と言って全体を静かにさせたりするのと同じ発想です。

「ゼロにする」という言葉は、他にも様々な場面で応用できます。掃除時間にゴミの取り残しや掃除道具の置き忘れを防止するため、「ゼロにして終わろう」と言う。遠足や社会科見学のとき、「机の上がゼロになった班から立ちなさい」と言って昼食後の自由行動に移る。

頭の中に行動のイメージが浮かぶと、子どもはよく動くのです。

瞬時にイメージできれば、子どもは動く

「今日の午後は身体測定があるから、昼休みのうちに
体操服に着替えておくんだよ。いい？ わかった？」
そして、最後につけ加えます。

先生は忘れます！

大切な予定を印象づけるには

朝、その日一日の予定を子どもたちに話すとき、いくつかの用件をまとめて話すという場合や、午後に大切な予定が入っているという場合は、子どもたちの記憶に残るように強調して伝えておきたいものです。

そこで、この言葉です。「先生は忘れます！」と宣言すれば、子どもたちに強く印象づけることができるでしょう。

それでも、なかには忘れてしまう子もいるかもしれません。そのような場合でも、まずは**「子どもたちにまかせてみる」**ことも必要だと思います。子どもたちの様子をさりげなく見ておいて、忘れている子どもを周りの子どもがフォローしてあげていたりすれば、それは集団として成長している証拠です。「〇〇ちゃんは、ちゃんと友達のことも助けていてすごいね」とほめれば、周りで聞いている子どもたちの指導にもなるでしょう。

授業などの場面でも同じです。いつも教師がリードしなければと思うのでなく、子どもたちに委ねる場面を意識的につくることも大切なのです。

子どもたちにまかせよう

子どもたちの心に届きやすいように話す。
より当事者意識を持って話を聞かせる。
そのための簡単な方法があります。

固有名詞を入れて話す

ほめることでクラス全体のモチベーションをより高めたい。そんな場合に効果的なのが次のような言い方です。

「最近、みんなの日記を書く力がついてきたような気がする。ハヤシさんなんて、宿題をメモするとき、日記の〝日〟を書いた瞬間に『やったー!!』って言ってるもん」。

つまり、固有名詞を入れて話すということです。**固有名詞があると、話が具体的になります。**漠然と全体をほめるよりも、ずっと子どもたちの心に届きやすくなるのです。

固有名詞を入れて話すことは、ほめるとき以外にも効果を発揮します。

私は給食のときに班を回って食べることも多いのですが、そのときに話す「小さい頃の森先エピソード」でも、話の中に固有名詞を盛り込んでいます。「先生の小さいときに、トキオカ先生という面白い先生がいてな……」。子どもたちは、身を乗り出して聞いてくれます。話が聞ける子どもを育てたいなら、子どもが聞きたくなる話し方の工夫も大切だということです。

話にリアリティーを持たせる

教室の前で個別指導しているときに、別の子が質問をしに来ました。
「ちょっと待っててね」と言ってあとから教えに行くこともありますが、
内容によっては、すでにできている子に頼るのも手です。

先生の代わりに、お願い！

ときには、ストレートにお願いしてみる

授業中や掃除の時間などに、子どもたち同士で教え合うことも大切な学びです。辞書の引き方や、雑巾がけの仕方など、すでにできている子どもたちに先生役をまかせてみる。これは、教えてもらう側だけでなく、教える側も成長する方法です。

まかせるときは、「お願い！」と感情を込めて伝えます。「お願い！」や「頼む！」といった思いをそのまま表した言葉には、相手の思いを動かす力があります。「教師」対「子ども」ではなく、「人間」対「人間」の図式も生まれます。頼りにされるとやる気がわいてくるのは、子どもも大人も同じでしょう。

いつもいつも教師が〝先生役〟になっていては、子どもたちが「仲間」に向かって話す機会がありません。**子どもたちがお互いの関係で学んでいくために、教師が一歩引くということがあってもいい**のです。

子ども同士の教え合いがあり、学び合いがある。教室はそのような場所にしていきたいものです。

「教師として」の前に、「人間として」の会話を

落とし物の持ち主を探すために、
子どもたちに声をかける場面で。

これ、落としていない人、
手を挙げなさい。

「自分に関係のある話」と意識させる

たとえば、全員分のノートを集めたはずなのに数が揃っていないとき、「ノートを出していない人は誰ですか？」と聞くことがあります。しかし、このような聞き方をすると、「僕です」「私です」と子どもたちがすぐに名乗り出てくれることはあまりありません。

それはなぜかと言えば、ほとんどの子どもたちが「自分は違う」と思っているからです。自分には関係のない話だと思っていれば、子どもたちが動かないのは当然のこと。自分のノートを確認しようとはしないはずです。

そこで、発想の転換です。**「多数側を聞く」**のです。

多くが当てはまるほうを選んで問う。多くの意識が向けられるほうを選んで問う。

ノートの例なら「ノートを出した人は立ちなさい」と伝え、座ったままでいる子どもにノートを提出したか確認します。落とし物の場合なら、先のように問い、手を挙げていない子に確かめます。全員に確認する場面では、「自分に関係のある話」だと子どもが思うような問いかけ方をするのがポイントなのです。

問いかけ方にも変化球を

継続して何かに取り組ませたいとき、
日々の声かけを続けていくことも大切ですが、
もっとインパクトのある方法もあります。

今からはもう確認しません。
（一週間、時間を置いて）
できた人はいますか？

あえて時間を置いて声かけする

私のクラスでは、「気づきの風船」という取り組みをしています。新しく知った言葉など、日々の中で自分が発見したことを風船の形をしたカードに一つずつ書きためていくのです。この企画をスタートするとき、私は子どもたちと次のようなやりとりをしました。

「イチロー選手のように、夢を叶えている人の共通点は何かわかりますか？」と聞いたところ、子どもたちから**「継続は力なり」**という言葉が出ました。そこで私は言いました。

「この風船も、毎日一つでも増えていくといいなあ。先生はもう、今からみんなにいちいち確認しません。一週間後に何人残っているかなあ」。

さて……、このときの子どもたちは三日坊主をきちんと体現してくれたのですが（笑）、私は黙ってこらえました。ちょうど一週間後、「さあ、三日以上続いた子はいますか？」と聞いてみると、できた子どもは二十五人中、四人。「ほら、続けるというのはなかなか難しいだろう。自分の夢を叶えたければ、イチロー選手のようにまずはコツコツ続けることができる人になろう」と話し、子どもたちに続けることの大切さを伝えました。

「できる」ようになるために、「できない」ことを実感させる

給食当番の子どもたちと一緒に給食室へ。
メニューが展示されているケースの前に、
ぎりぎりまで顔を近づけて……

今日の給食、
テンションあがるなあ♪

ときには「素の自分」を出す

子どもとの距離をどう取るか――私自身の考えで言えば、大切なのは、やはり「メリハリ」だと思います。

はしゃいで子ども側に寄り添うときもあれば、少し厳しめの口調でビシッと注意したり指導したりもする。この〝落差〟こそが子どもたちとの強い関係をつくるのではないかと思います。

給食は、子どもたちにとってはもちろん、先生にとっても大きな楽しみです（少なくとも私の場合は……笑）。楽しいときには、子どもたちの前でも素直にはしゃいでしまう。教師が〝素の自分〟を見せたときに、子どもとの信頼関係が一段深まるのだと思います。

子どもたちとの関係は、大きな出来事で一気に進展するのではなく、日常的な何気ない会話の積み重ねです。温かい会話、楽しい会話を通してつくられていくものでしょう。

「先生らしい毅然とした態度」と同じくらい、「子どもらしい無邪気さ」を見せられる教師になりたいものです。

先生だって、もっとはしゃごう

子どもたちとの信頼関係を築くために大切なことがあります。
次のことをクラス全員の前で宣言し、
教師がきちんと実行するということです。

先生は嘘はつきません。
言ったことは守ります。

子どもとの信頼関係を築くために

子どもたちにしてほしくないことの一つに、「嘘をつくこと」があります。折に触れて「嘘をついてはいけません」と教えることも大切ですが、さらに重要なのは「教師自身が嘘をつかない、約束は守る」という姿を見せることだと思います。

たとえば、何らかの理由で体育の時間を変更しなければならなくなったとします。そのとき、「ごめん。今日の体育はナシになります。でも、別の日に必ずやります。先生は嘘はつきません」と宣言しておいてから、後日、必ず約束を守る。

大切なのは「小さい約束」も守るということです。**教師が何気なく口にしたことほど、子どもたちはちゃんと覚えているもの**です。「嘘をついてはいけません」と教えておきながら教師が約束を破れば、子どもたちは「この先生はやっていないじゃないか」と思うでしょう。そのようなところから、信頼関係は崩れていってしまいます。

子どもとの信頼関係は、日常の何気ない会話や行動が支えています。宣言したことを教師がきちんと実行することで、子どもたちに「教える」場ができるのです。

「小さい約束」こそ、「大きな信頼」につながる

子ども時代の心は繊細です。
その心が確かに育つような言葉を
子どもたちにはかけ続けたいものです。

「校舎のタイル」一枚につき、
「思い出」一つ。

「心」を育てる言葉かけを

図工で六年生に校舎の絵を描かせたときのこと。私は「ただ校舎を描く」というだけではなく、「お世話になった校舎に思いを込めて描いてほしい。思い出が浮かんでくるような活動にしてほしい」と思いました。そこで「校舎のタイルを一枚塗る度に、思い出が一つよみがえってくるような活動にしよう」と子どもたちに語りました。

人間の行動には、いつも**「心」**が存在します。人間とは弱い生き物で、その時々の心に大きく左右されてしまいます。それなら逆に、その心も目一杯ふるわせるような活動にしよう、そう思うのです。

本書のプロローグで書いたキャンプに私が担任として行ったとき、私は「基地づくり」と「つくった基地でパンを食べる」というプログラムを組みました。満天の星空の下、仲間と共につくった木造の基地で食べるパンの味は一生忘れられないものになるだろうと考えたからです。「全身で楽しもう」と子どもたちに話しました。「先生、めっちゃ美味い!」――興奮して話しかけてきた子どもたちの姿を私は一生忘れないと思います。

活動に、「心」を育てる付加価値を

column

テレビショッピングに学ぶ？　会話術

テレビショッピングのナビゲーターは、番組中、とめどなくしゃべっています。さすがプロ、流れるように言葉が出てきます。

しかし、その話し方によくよく注目してみると、話のうまいナビゲーターとそうでないナビゲーターには「ある違い」があることに気づきます。

番組を観ているこちらが、あまり話に引き込まれないナビゲーターは、息つく間もないほどしゃべり続けています。スタジオにゲストが来ていても、そんなのどこ吹く風でナビゲーターの話が続きます。

さらに、「お客様と電話がつながっております」と言って、すでに商品を買ったお客さんと電話で話すコーナーでも、相手の話をほとんど聞いていません。「なぜ、この商品を注文されたのですか？」とか「この商品の魅力は？」と質問はしても、その直後にナビゲーターが自分で答えてしまう……お客さんは、「ええ、注文しました」「そうなんです」「はい」しか言っていません（笑）。

しかし、話のうまいナビゲーターは違います。導入は自分で話し、うまく誘導したあとは、肝心なところをお客さんにしゃべらせます。

たとえば、「牛タンシチュー」を買ったお客さんが、「お肉をはしで切るとき、もうトロットロなんです！」と言えば、それは非常に説得力があります。

一方で、ナビゲーターが、「トロットロなんですよね～？」と言って、お客さんが「はい」と答えると、観ている側も白けてしまうのです。

さて――教師と子どものやりとりでも、同じことが言えるのではないでしょうか。子どもに問いかけたら、「待つ」。自分の都合のいいように誘導しない。肝心なところは子どもにしゃべらせる。「はい」や「いいえ」で答えられるような発問と、「子どもが話をするように促す発問」を使い分ける……。

テレビショッピングのナビゲーターの話し方を見て、私も自分の話し方を振り返りながら気持ちを新たにしました（牛タンシチューはもちろん注文しました笑）。

part 2

【授業の中で】編

子どものやる気にどう火をつける?

国語の授業などで、意味を知らない言葉が出てきます。
「辞書で調べなさい」と言う前に……

まず予想しなさい。

「調べる」前に「予想する」

「自分で調べなさい」の、その前に

わからない言葉が出てきたとき、すぐに人に聞くのでなく、自分で調べようとする習慣を育てることは大切です。私はさらに一歩踏み込んで、**「調べる」前に「予想する」**習慣を身につけてほしいと思っています。

授業中には辞書が手元にあります。しかし、普段の生活の中では、近くに辞書がないことのほうが多いのです。そこで必要になるのが、前後の文脈から意味を想像する力です。英語の文章で知らない単語が出てきても、文脈から意味を類推するのと同じことです。

わからない言葉が出てきたとき、子どもたちが「先生、これどういう意味？」と聞いてきます。そうしたら、「辞書で調べてごらん」と言う前に、「まず予想しなさい。どういう意味だと思いますか」と声かけします。

すでにある知識を材料に、まずは自分で考えてみる。

どんな学習でも、「予想して↓確かめる」という流れをつくることができれば、学びは必ず深まることでしょう。

子どもに次の指示を出そうとするとき。
友達が皆の前で話し始めようとするとき。
話の前に、ひと言声かけをします。

話を想像して聞きなさい。

「自分で気づく」子どもを育てる

人は、「教え込まれた」ことは忘れますが、「気づいた」ことは忘れません。

毎日、自分の頭で「気づく」経験をするためには、自分以外の誰かが話しているときでも当事者意識を持つことです。話し手の言うことをきちんと理解しながら、自分の意見を持って話を聞くように促すために、子どもたちに先の声かけをしておきます。

授業は**「いかに当事者意識を持たせるか」**が大切です。発表者が当事者意識を持つことはもちろんですが、聞く側も同じ意識を共有できるようにします。

たとえば、国語の授業で、登場人物のセリフを考えて発表させるという活動があったとします。その際、教師の意識は発表者に集中しがちですが、聞き手である子たちにも「自分ならどのようなことを言うか考えて聞きなさい」「○○役になって答えてみよう」と、事前に話しておきます。

当事者意識を皆が共有できれば、全員の学習参加が保証されます。

クラス全体が参加できるような授業づくりを目指しましょう。

当事者意識を全員で共有する

子どもが短冊やカードを書こうとしています。
あとで黒板に掲示することを見越して
大きな字で書かせたいというとき……

牛乳キャップよりも
大きい字で書きなさい。

「具体物」でイメージを引き出す

黒板に掲示したとき、席が後ろの子どももきちんと見えるように、大きな字で書かせたい。そのようなとき、ストレートに「大きく書きなさい」と指示しても、こちらの意図はなかなか伝わりません。

それもそのはず、「大きい」という感覚は子どもによって違うので、どんな大きさなのかイメージできないからです。

こういった場面でのポイントは、**「子どもの中に具体的なイメージが浮かぶような指示を出す」**ということです。「牛乳キャップよりも大きく」「手のひらよりも大きく」「十円玉くらいの大きさで」などというように、教師が書かせたい文字の大きさを、クラスの誰もが知っている尺度で示します。発掘された化石などを写真に撮るとき、隣に硬貨を置いてその大きさを伝えるのと同じような発想です。

理科の観察記録で、図工の絵の指導で、まとめなどの作成で……「大きさ」を伝える場面では、具体物に落とし込んでイメージを伝えるといいでしょう。

全員がわかる「イメージの対象」を提示する

「ここ一番」の教材を提示するときには、テレビ番組の司会者になった気分でこのように言ってみます。

一瞬だけのチャンスです。

集中力を一気に高める「言葉の演出」

ある研究授業を見ていたときのことです。授業をしていた先生は、テレビ画面にパワーポイントの画像を映して問題提起をしました。それは非常につくり込まれた画像でしたが、話の流れの中でサラリと提示したため、子どもの反応も鈍いものになってしまいました。

これは非常にもったいない！

画面を表示する前に「さあ、一瞬だけのチャンスだからよく見ていてね」とひと言、言う。カードなどを提示するなら「一瞬だから、よく見ておかないとわからないよ」と言ってから、サッと空中を横切るように出す。このような**「もったいをつける演出」によって、子どもたちの集中力は一気に高まる**はずです。

他に、校外活動で木に止まっているカマキリに気づかせたいなどというときも、この演出は使えます。「ここにカマキリがいるでしょ?」と指さすのではなく、「この木の中に何かが隠れています」とあおってみる。「三つ隠れています」と数字を出してみる。

集中力が高まっていれば、子どもは何倍も「見る」ようになるでしょう。

「もったいをつける」と、集中力が増す

「教室は間違うところ」「間違って当たり前」

などと声をかけることがあるでしょう。

さらにひと言添えるとすれば……


間違ったのではない。

「間違いとわかった」んだ。

間違うことを恐れない子どもにするために

「教室は間違うところだ」とよく言われます。確かに、教室で堂々と間違うことができるクラスというのは、発言も行動も活発です。

しかし、なかにはやはり間違うことが怖い子どももいます。みんなの前で間違えたくないから、なかなか発表できないという子どももいるでしょう。

間違えたくない子どもというのは、「間違い」＝「失敗」ととらえています。必要なのは、**その思い込み自体を変えていく**ことです。

発表する前に、「間違ってもいいよ」などと言葉をかけることはあるでしょう。それに加えて、発表した内容が間違っていたときには、「間違ったことは失敗じゃない。今あなたは**『間違い』とわかったん**だ。一ついいことに気づいたね」と声をかけます。

クラスがスタートした四月から、ことあるごとに声かけをくり返せば、それがクラスのスタンダードになります。そのような空気をつくることができるのは、他ならぬ教師だけなのです。

クラスに「前向きなスタンダード」をつくる

漢字の練習が始まりました。
机間指導で歩き出す前にひと言、
最高の笑顔でこう言います。

先生に「肩をポン！」
とされた人は書き直しね！

「未然に防ぐ」言葉を持とう

先回りして指示を出す

全体で漢字の練習をしているとき、子どもの書いた字を見て回りながら、その都度「きれいな字で書きなさい」とか「こんな字では読めないよ」と注意するとします。これでは、注意する教師にも負担がかかるし、子どもだってやる気が出ません。

子どもたちに指示をするときのポイントは、指示をストレートにぶつけるのでなく、別の角度から話す癖をつけることです。**「がみがみ言うことなく、いかに子どもたちに活動を促すか」**を何よりもまず考えたいものです。

あらかじめ先の声かけをしておけば、子どもは活動に入る前に「きれいに書こう」という心構えができるはずです。

他にも、机間指導をしながら「書き直しをするような子は一人もいないなあ！」と言ってみたり、「書き直し候補三人！」とゲーム感覚にしてしまうのも面白いでしょう。

子どもたちに先回りして、手を打っておく。

そんな会話術も身につけていきましょう。

作文を書く、絵を描く、学習のまとめをする。
そのような個人の活動に入る前に、
子どもたちの意欲を高める声かけがあります。

期待する人を決めてください。

子ども同士が伸ばし合う場をつくる

たとえば、ノートに学習内容や調べたことを見開き二ページでまとめる場面。何度かやって、子どもたちが作業に慣れてきた頃、私は次のように話すことがあります。

「では、みんな、少し書き出したので、ここでウロウロタイムにします。『この人の作品はこの先すごくなりそうだなあ』と期待する人を決めてください」。

友達同士でお互いの作品を見て回りながら、自分がいいと思う作品を決めてその子に声をかけるのです。こうすれば、子どもたちが意識的に友達の作品を見るようになりますし、期待された子どももうれしいので、ますます張り切ります。**相乗効果で作品の質が上がっていく**のです。

カンフル剤となる場面を仕掛ける

作文を書くのでも、絵を描くのでも、同じような活動ばかりしていると、活動自体がどうしてもマンネリ化してしまいます。そこでこのような場面を仕掛ければ、カンフル剤となるわけです。

もちろん、教師も一人ひとりを激励しつつ、アドバイスしていくことを忘れずに。

作文を書く。図工で作品をつくる。
子どもたちに作業を促すとき、
「これを言っては逆効果」の言葉があります。

NG

これぐらいならできそう？

言葉のちょっとしたニュアンスで……

ある研究授業を見ていたときのこと。子どもたちがノートに意見を書いている最中に、授業者の先生が口にしたのが先の言葉です。

その先生は、子どもたちの負荷を減らすためにそう言ったのでしょう。

しかし、「これぐらいなら」という言葉には「最高のものはできないかもしれないけれど」というニュアンスが含まれます。子どもは必ず、このニュアンスを感じ取ります。「難しいかもしれないから」などといった婉曲的な言葉も同様、子どものやる気をそいでしまうことがあります。

「読んでくれる?」ではなく「読みたい人?」。子どもたちには、成長を促すような激励の言葉をどんどんかけていきましょう。

先のようなシチュエーションなら、**「これだけ書けたら大したものだけど……」**とあおったり、**「書ける! 書きなさい!」**と元気づけたりすればいい。

子どものやる気を引き出す言葉を日頃から探しておくことです。

「無意識の言葉」を意識する

遠足が終わり、子どもたちに作文を書かせようというとき、
「ああ〜また作文だよ〜」という声が聞こえてきそう——。
そこで、こう言いながら原稿用紙を配ります。

賞味期限が過ぎる前に書きます。

「やるなら今！」と思わせる

同じ作文を書くのでも、「ああ〜また作文だよ〜」と思いながら書くのと、「よし、書くぞ！」と気合いを入れて書くのでは、教室の空気にも作文の内容にも差がつきます。

そこで、先のひと言を。大切なのは、**当たり前のように話す**ことです。

教師自身が「子どもたちが嫌がるだろうなあ」と消極的になっていると、その思いは子どもたちに伝染します。だからこそ、「さあ早く書かないと感動が冷めてしまうから、今から作文を書こう」――「急がないと」「感動が冷めないうちに」と真剣に伝えるのです。

作文の授業は、書くこと自体は個人的な作業ですが、同時に一斉授業でもあるというのが私の考えです。書き方を教えては実践している子を取り上げてほめ、広げていく。

その大前提として、**書き出す前のモチベーションが大切**なのです。

図工展や夏休み作品展、書き初め展などのあとで書かせる鑑賞文なども同様に。「さあ、自分の好きな作品はありましたか。賞味期限が切れる前に、メモを見ながら作文を書こう」と促しましょう。

モチベーションで結果は変わる

作文や感想文などを書き出すとき、
子どもたちにこう言います。

じっくり考えないで、
まずは書き出しなさい。

なかなか行動に移せない子どもには

「書く」という行為には、二つの段階があります。「行動として書き出す」ことと「内容を吟味しながら書く」という段階です。絵を描くことで言えば、「下絵」と「ペン入れ」のようなものです。

じっくり考えて頭の中で文章を組み立てたとしても、いざ紙に書こうとしたらすべてを忘れてしまうということも起こり得ます。ですから、書きながら考えさせるのです。特に長めの文章を書くときには、「とにかく書き出す」ということも大切なことです。

書きながら考えていく。

書きながら膨らませていく。

書き進めながら考えが変わっていくこともあるので、すでに書いた文章はそのまま残しておき、新しい文章は隣に書いていくことも指導するといいでしょう。

まず書き出すことで、「書き出せるメンタル」や「書くことの行動力」を鍛えることができるのです。

「たくさん書けばいいというわけではない」も正論ですが、
まずは次のように子どもたちに言い切ることも大切です。

質より量です。

「抵抗なく書ける子」を育てるために

書くことの指導では、何よりもまず「抵抗なく書けるようにすること」「どんどん書いていけるようにすること」が重要です。「たくさん書けばいいというものではない」も正論ですが、これは、すでにたくさん書かせてきたあとで言うことではないでしょうか。

まずは「質より量」で指導を続けると、自作の新聞などでビッシリと文字を埋められる子が出てきます。

その際に気をつけるべきは、決して**「読みにくい」などと否定しないこと。**「ビッシリ書く」なんて、すごいことなのです。ノートにビッシリ書いている。メモを何百と書いている。

そのことに教師はまず驚いていいし、その子のやる気のスイッチが入っていることに喜んでいい。〝書く体力〟が育っているということは、それ自体が大きな成長なのです。

「よくこれだけ書けるようになったね。では次のレベルに行ってみようか」。

量を評価してから、質を求める段階に移りましょう。

「量」の絶対評価ができてから、「質」を評価する

なかなか活動に入れない子どもの参考にするため、
すでに動き出している子に発表してもらう。
発表が終わったら……

「も～らい」って、もらいなさい。

個人のいいところを全体に広げる

教室で学ぶことのよさは、「仲間のやり方を参考にできること」「仲間の考え方を学べること」です。

たとえば、作文の書き出しがうまくいかない子がいるとき、すでに題名や書き出しを書いている子にみんなの前で読んでもらえば、他の子どもが参考にすることができます。

その際、先のような声がけをすることで教室の空気が和らぎます。リラックスした空気が生まれるのです。作文に限らず、お互いのいいところを吸収できるような工夫をすることで、より学びを深めることができるでしょう。

もちろん、「真似をしてはいけません」とか、「自分の頭で考えなさい」と言うべきときもあるでしょう。しかし、基本的には**仲間のいいところをどんどん真似し、吸収させていくほうがいい。それを広げていくことが教師の役目**だと思います。

学びはリラックスした雰囲気の中でこそ育まれます。子どもたちがリラックスして学べるような場をつくる伝え方を身につけていきましょう。

リラックスするから、力が出せる

「題名と書き出しが書けたら持ってきなさい」。

作文の授業で個別指導をするときはチャンスです。

わざと他の子どもにも聞こえるボリュームで言ってみます。


お、書き出しにセリフ使ったんだね！

みんなはどうしているかなあ……。

（と、聞こえるようにつぶやく）

「伝え方」にもバリエーションを

教師から子どもたちへの声かけで、クラス全体にガツンと伝える場合と、間接的に〝聞こえてきた〟ように伝える場合では、その効果が変わってきます。後者は**「聞こえてきて得した」という心理効果が子どもたちを動かします。**先生から直接指示はされていないのに、自分で気づいて書き直したり、考え直したりできたと思うよさがあるのです。

この「聞こえるつぶやき」は、作文指導に限ったことではありません。

たとえば、体育のマット運動の評価場面で。「きちんと手を前のほうにつけているなあ……」とつぶやきながら成績をつけると、それは周りで見ている子にも伝わります。

社会や理科で気づいたことの箇条書きをする場面でも、「お、もう十個書けているんだ」とか、「見つけたことだけじゃなくて、そこから考えたことも書いているんだ」などとつぶやくと、全体のモチベーションも上がっていくでしょう。

直接確認したり、指示したり、発表させたりするだけでなく、**つぶやくことで「間接的に伝える」**。子どもたちへの伝え方にも、いろいろな方法があるのです。

「聞こえるつぶやき」で伝える

作文の授業で段落指導をしたあと、子どもたちに「段落をつける」ということを印象づけるために、私は次のように言います。

「切れていないロールケーキ」はやめてね。

具体的にイメージできるたとえを学習に持ち込む

先の言葉のあとに続けます。「ロールケーキを切らずに出されたら食べにくいよね。食べるときはきちんと切って出すでしょ。それと同じ。段落をつけないで出された作文を読むときは、切れていないロールケーキをそのまま食べるのと同じだよ」。

このような場面で、「段落をつけなさい」と言うことは簡単ですし、それで子どもたちができるようになるならそれでいいのです。しかし、クラス全員がイメージしやすいたとえを使えば、指導内容をより印象づけることができるでしょう。

他にも、句読点をつけない子には**「息継ぎしなさい」**、推敲を促すときに**「味見した?」**などという伝え方もしています。

このような「教室コトバ」は、作文指導や国語の授業に限ったことではありません。本書で取り上げている言葉もそうですし、これまでも様々な教科で「子どもが理解しやすい言葉」として実践されているものがたくさんあります。

教師と子どもの共通言語、「教室コトバ」を一緒に増やしていきましょう。

あなたのクラスの「教室コトバ」を増やそう

「面白かったです」「楽しかったです」よりも、
もっとその子らしい感想を引き出したい。
だから、作文やスピーチでは、こう指導します。

ウソ作文、ウソスピーチ、禁止条例！

「その子らしさ」を引き出すために

子どもたちに「小学生が作文やスピーチで一番よく使う言葉は何かわかりますか？」と問いかけると、「うれしかった」「面白かった」「楽しかった」というたくさんの〝かった言葉〟が挙がります。それらを板書してから、次のように話します。

「これらの言葉を使うのは悪いことではありません。でもね、これだけなら言ってもなくても同じ。面白くない。人間は想像力がある生き物です。たとえば……イノウエ君、今から富士山に登ったとして、行って帰った感想を想像で話してごらん」。

イノウエ君は「富士山に登ってきました。山の上はとっても寒かったです。でも登ることができて楽しかったです」などと話すでしょう。

そこで、「ほら、ここが人間のすごいところだ。行ってなくても言えるの。だからみんなのスピーチでは、行った人しかわからないような、経験した人しか言えないようなことを話そう。作文も日記も同じ。**体験した人しか書けないようなマニアックなこと**を書こう」と説明します。そうして子どもたちに変化が現れたら、その都度ほめていくのです。

具体的なエピソードが「自分らしさ」になる

作文指導で、もっとその子らしさを引き出したい。
ありきたりな表現から抜け出させたい。
そんなとき、たとえばこう声をかけてみます。

「まだ発見されていない一行」を
書きなさい。

「子どもの心」を振り向かせる

「～をして楽しかったです」「〇月〇日に～がありました」――作文などを書くとき、子どもたちの中には、すでに「予定調和」ができてしまっていることがあります。その予定調和を崩したいなら、教師の指導も予定調和から抜け出すことを考えましょう。

オリジナルな作文を書かせたいのに、教師が「同じように書いたらいけません」「違った書き方をしなさい」などと言っても、子どもたちをハッとさせることはできません。**マンネリ化した声かけでは、子どもの心は動かないもの**です。

まず、ハッとさせる。そうすれば、その後の指導の染み込み方が変わってきます。「音をたくさん入れてみる」「関西弁でリアルに再現する」「たとえをうまく使ってみる」、そういう具体的な方法を学ぶための心の準備運動になるのです。

先に紹介した言い方なら、「発見」という言葉によって子どもが遺跡や宝石などをイメージするかもしれません。「未知なる一文を生み出そう」と心が動くことでしょう。

子どもたちの心をいかに振り向かせるかが、教師の腕の見せどころなのです。

具体的な指導の前に、心の準備運動を

作文を書く。絵を描く。授業のまとめを書く――。
子どもたちが個人で活動するときは、
活動中の言葉かけこそが重要です。

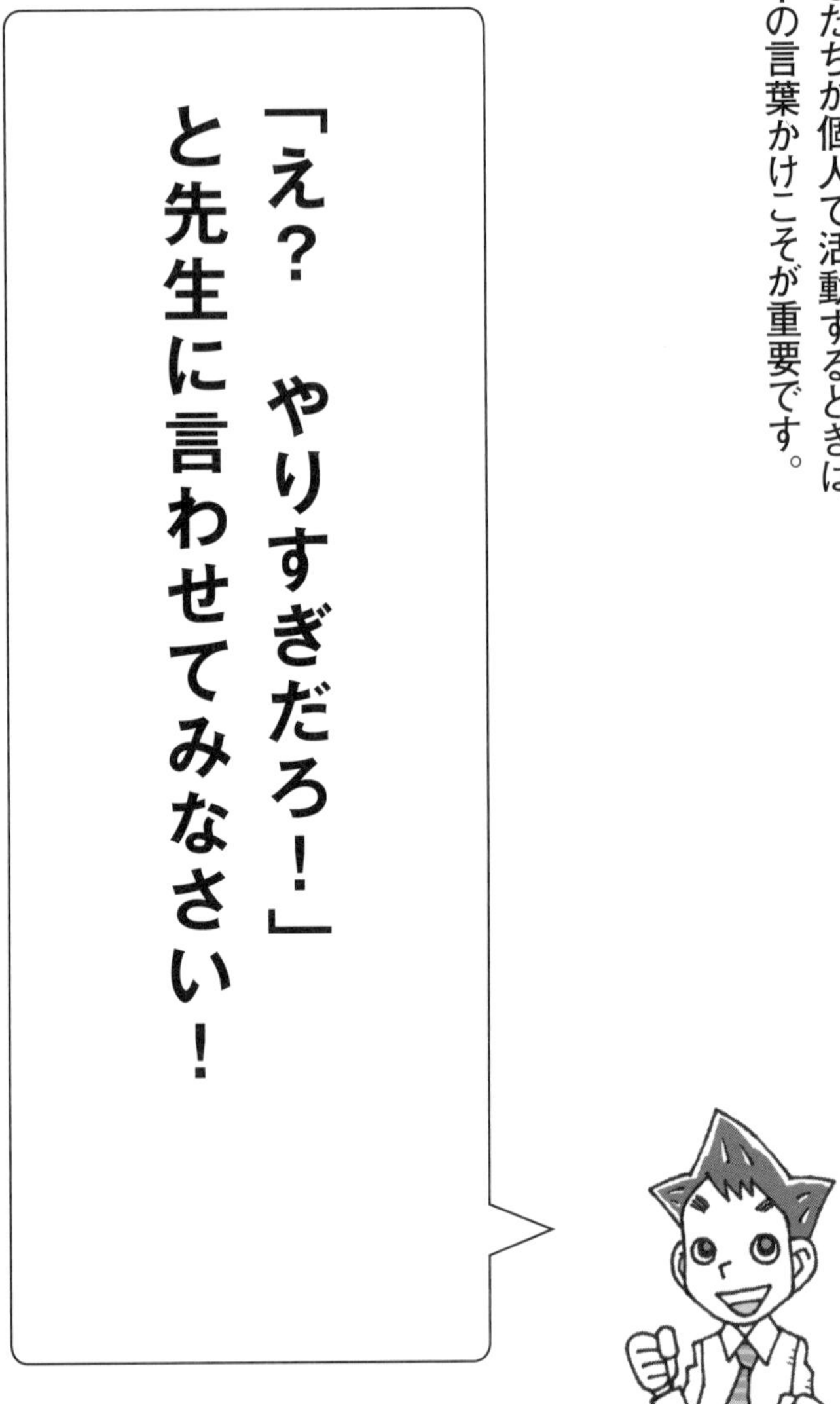

モチベーションを上げる言葉

子どもたちが個人で作業をするというとき、「作業がスタートしたら教師の役割は終了」というわけではありません。子どもたちの作業中に私たちが大切にしたいのは、**「傍観者」ではなく「応援者」になるという意識**です。

「先生をびっくりさせる子はいないのかな?」

「先生が『まいった!』と言ってしまうような作品に、この頃出合っていないなあ」

「先生の足が立ち止まるような作品にしてみなさい!」

このように、子どもたちのモチベーションを高める声かけをしていきます。

なんとなく活動に入らないこと。活動を放置しないこと。これは、私がいつも意識していることです。意識していなければ、「ただなんとなく」ということはよく起こり得るからです。

作業がスタートする——その瞬間からが、子どもとのセッションです。

子どもたちがやる気になる言葉を探すのも、教師の重要な仕事と言えるでしょう。

個人作業が始まってからが本当の勝負

子どもが作文を読んだり、意見を発表したりするとき、
教師は「話し手」よりも「聞き手」にこそ意識を向けたいものです。

今まで発表した人が書いていなかったことは何ですか。

「聞いているようで聞いていない子」をなくす

子どもたちに作文を書かせてそれを発表してもらうとき、私はあらかじめ作文を見て回って発表者の子どもを決めておきます。「題名が楽しい」「書き出しが面白い」「文章にリズムがある」など、それぞれの特徴やよさを汲み取っておいてから、その子を指名して読ませるのです。

発表が終わったら、聞いていた子どもたちに「よかったところは?」「うまいと思ったところは?」と問いかけます。何人かが答えてくれたら、最後に「今まで発表した人たちが書いていなかったことは何ですか?」と、前の発表者との違いを聞くわけです。

普段からこのような問いかけをしていれば、子どもたちの聞き手としての意識が変わってきます。**何が違うか考えながら、当事者意識を持って発表を聞くので、「聞いているようで聞いていない」ということがなくなる**でしょう。

発表のシーンでは、教師はつい話し手に意識を集中してしまいがちです。

しかし、「聞き手」を育てるという意識も忘れてはいけないのです。

〝攻めの聞き手〟を育てる

グラフからわかることを話し合わせたい。
写真から様々な気づきを出させたい。
二つの表を見て比較させたい。
そんなときは……

箇条書きの「み・か・ん」。

学びを深める「教室コトバ」

子どもたちがたくさんアウトプットできるようになるには、まずは〝箇条書きできる体をつくる〟ことが先決だと思います。そのための工夫が箇条書きの「み・か・ん」です。

【箇条書きの「みかん」】　み…見たこと　か…考えたこと　ん…ん？（疑問）

まずは、書き出しやすい題材で箇条書きできるように仕向け、次に「み・か・ん」で書き分けさせる。私のクラスでは、「み・か・ん」と言えば、子どもたちはすぐに何のことかわかります。「考えたことも書きなさいよ」「疑問も書くのですよ」などと細かく言わなくても、一つの声かけで子どもたちが様々に思考を巡らすことができるのです。

たとえば、子どもたちに写真を見せて「〈か〉の意見を書けるようになるといいね」と話せば「木の葉が少なくなっているから季節は秋だ」などと類推して考えるようになります。「〈ん〉の意見を書いた人は立ちなさい」といった使い方もできるでしょう。

学習行為を覚えやすい「教室コトバ」にして投げかけると、子どもたちは実にたくさんの情報を収集できるようになります。**子どもたちの思考の道具として役立つ**のです。

学習行為を「教室コトバ」に落とし込む

理科や生活科などで観察記録を書くときに「よく見て書きなさい」と促すことがあります。そのようなとき、私は次のように声をかけます。

「虫眼《むしめ》」になりなさい。

細かく見ることを促すために

私は、小さい頃から昆虫が好きでした。草むらに入って息を潜めてバッタやキリギリスを採ったり、同じところを旋回するオニヤンマを待ち伏せして網をふるったりした経験は、数えきれないほどたくさんあります。

今なお続けている趣味の昆虫採集で私が得たもの、それが**「虫眼」**です。

たとえば、何気なく林道を歩いていても、少し先の路上を枯れ葉のようにサッと横切るカナヘビが視界に入ってきます。木の葉によく似たチョウがひっそりと止まっている姿が目に飛び込んできます。小さな声で鳴いているキリギリスの姿を見つけ出すこともできます。「え、こんなところにいるのがよくわかったね」と驚かれることもしばしばです。

観察記録などでよりよく表現できるようにするには、まずは**仔細に観察する目を磨くことだ**と思います。虫のようなミクロの視点を意識させるのです。しゃがんだり、頭を突っ込んだり……虫と同じ目線で草むらの中に入ってみて初めて、わかることや感じることがある。そこで、子どもたちにも「『虫眼』になりなさい」と指導しています。

細かく見ると、よりよく書ける

column

リズムよく話すための練習方法は？

若い先生から、「リズムよく、テンポよく話せるようになるにはどうしたらいいのでしょうか？」と相談を受けたことがあります。

おすすめなのは、「自分の授業を録画して観る」ことです。自分が話している姿というのはあまり見たくないものですが、録画した映像を客観的に観てみると、無駄な言葉が多いのに気づくことがあります。

「えっと」が多いとか、同じことを何度もくり返し話しているとか……無意識の話し方の癖に気づくこともあるでしょう。

自分の授業を撮ったり、音声を文字に起こすなどして振り返るのは、本当につらい作業ですが（笑）、リズムよく話すための練習として、その効果は絶大です。

もう一つ、具体的な方法があります。

プロローグでも少し触れましたが、「短い絵本の読み聞かせをする」――十分以内に読み終えることができるようなお話の読み聞かせをすることです。

なぜ、短い絵本がいいかというと、文字数の少ない絵本は、読み手のリズムやテンポがストーリーの印象を大きく左右するので、より読み手の力が試されるからです。

そして、読み聞かせをすると、子どもの反応がダイレクトに返ってきて、そのよし悪しをすぐに実感できるというよさもあります。この読み方でよかったのか、それとももっと変えるべきなのか。短いお話は、それが顕著に表れるのです。

たとえば、宮西達也さんの『さんせーい！』（フレーベル館）や、『あるいてます』（鈴木出版）などは、テンポよく読めば子どもたちが熱中するとても素敵な絵本です（ちなみに、著者の宮西達也さんは、様々な場所でご自身の絵本を読み聞かせされているので、もし生で体験する機会があればぜひ参加してみてください）。

いずれにしても、大切なのは、自分の話し方を客観的に見られるような場をつくることだと思います。

part 3

【ほめ方・叱り方】編

子どもが
動きたくなる
言葉とは

図工で完成した絵を見ながら、
「よく頑張ったね」と子どもたちをほめます。
そして、次のように言います。

自分をほめなさい。
自慢、大歓迎！

自信とは「自分を信じる」こと

子どもたちの多くは、自分のことを卑下することはあっても、なかなか自分のことをほめることがありません。友達が得意気になっているのを目にしたときに、「うわ、自慢してる！」といった反応をすることもあるのではないでしょうか。

でも、自分の力を認められること、堂々と自慢できることというのは、子どもにとっても大切なことだと思います。**言葉にするのは、自分の成長を実感する手段でもある**のです。

私は、折に触れて、子どもたちに「もっと自信を持ちなさい」とか「できたことを堂々と自慢しなさい」と声をかけています。

そして、私自身が手本となって、「今回の学級通信、先生、かなり頑張ったよ」「ジャーン！　これすごいでしょ」などと話題にもしています。

「先生、それ自慢やん」という声が聞こえたら、チャンスです。そういうときこそ、「自分の頑張ったことを堂々と言うのはいいこと。自慢したって大いに結構」と子どもたちに話せば、説得力を持って伝えられるでしょう。

自分を堂々とほめられる子を育てよう

掲示係が一生懸命、教室の壁にプリントを貼っています。
気がついたら、その子に声をかけましょう。

ありがとう。
助かるよ。

手間よりも意識が物を言う「ありがとう」

声をかける時間は、ほんの数秒。手間よりも意識が物を言うのが、「ありがとう」という言葉です。

ゴミ出しに行ってくれた。持つのを手伝ってくれた。一見、〝やって当たり前〟のときこそ、「ありがとう」を言いたいものです。

頑張っているあなたに「ありがとう」。

一生懸命なあなたに「ありがとう」。

係の仕事をしていた。「ありがとう」。

「ありがとう」は素敵な言葉です。大人に対してだけでなく、子どもたちにも何気なく反射的に「ありがとう」や「ごめんね」と言えるような教師でありたいと思います。

そして同時に、子どもたちにも「ありがとう」の文化を浸透させたいものです。「『ありがとう』は魔法の言葉。クラスみんなの心が温かくなる言葉。こういう言葉がみんなの口癖になると素敵だね」と子どもたちに話しましょう。

教室に「ありがとう」の文化をつくる

授業中、消しゴム遊びに夢中なやんちゃ君。
直接注意するケースがほとんどですが、ときには……

（黒板のほうを向きながら）
○○君、消しゴム遊び
やめなさいよ。
（振り向いて、ニヤリ）

やんちゃな子どもと信頼関係をつくるコツ

「この先生やるな！」「この先生面白い！」「この先生お見通しだな！」

やんちゃな子どもと信頼関係を築いていくには、このような場面を積み重ねることが鍵となります。注意一つとっても、子どもの頭の中が瞬時に「！」となるような言葉やしぐさで対応していくといいのです。

周りを見ていても、クラスがうまくいっている先生というのは、このあたりの塩梅が絶妙です。**感情にまかせて注意するのではなく、真正面から叱るのでもなく、一呼吸置いて〝変化球〟を投げる。**

この機転こそ、信頼関係をつくるための布石であると言えるでしょう。

冒頭のような場面で、先生は黒板のほうを向いているはずなのに、「消しゴムちゃんと拾っておきなさいよ」と言われると、その子はドキッとするはずです。

そこで振り返って、お決まりのセリフを言うのです。

「先生は後ろにも目があるのです」。

ひと呼吸置いて〝変化球〟を

授業中、ずっとおしゃべりしているやんちゃ君。
周りも注意しようと必死だけど、本人はまったく気づかない。
そのとき、おもむろに声をかけます。

○○君！
（注意すると見せかけて……）
いい天気だね。

いい意味で「拍子抜け」させてみる

教師自身は、いつもぴりっと気を引き締めておきつつ、教室の空気を上手に〝操縦〟していきましょう。

子どもたちを放っておきすぎていませんか？

子どもたちを締めつけすぎていませんか？

教室の空気をつくる上で大切なのは、緩急のバランスです。教室は活気ある場所にしたいのと同時に、穏やかな場所にもしたいものです。

私は、**子どもを全員の前で注意したり叱ったりするときは、常にクラス全体への影響を考えることが大事**だと思っています。教師の言葉一つでクラスの雰囲気は一変するので、時と場合に応じて言葉を選ぶ余裕を持つようにしています。

「〇〇君！」と言った途端、その子のつばを飲み込む音が聞こえそうです。叱られる！　と思ったら、天気の話で拍子抜け。だからこそ、やんちゃ君には効果てきめん。教室も笑いに包まれます。

教室の空気を壊さない注意の仕方

授業中、一人の子どもが少し脱線気味になっている。
でも、授業はすごく盛り上がっているので、
雰囲気を壊さずに注意を促したい。そんなとき……

○○ちゃん、
スイッチ押したら
穴があいて落ちていくよ。

授業の雰囲気を壊さずに注意する

授業の雰囲気を壊さずに上手につないでいくことは、教師の腕の見せどころでもあります。

子どもが必死に考えている。話し合いが盛り上がっている。せっかくいい雰囲気で授業が動いているのに、一人の子どもに注意をしたことで、その流れが一気に遮断されてしまうことがあります。

大きなことではないけれども、小さな注意を喚起したい。そのようなときの言葉かけは、時と場合に応じて使い分けるようにしています。

クラスが盛り上がっている場面であれば、ユーモアのある注意の仕方をして、全体で笑ってしまうというのも一つの方法でしょう。なぜなら、**注意をする一人の子以外の数十人にはまったく関係がないから**です。

私が先の声かけをしたときには、注意された子どもがハッと足元の床に目を落としました。その姿が面白くて、クラス中が爆笑に包まれたのでした。

ときには「注意」を「爆笑」に変えよう

くり返し教えても、なかなかできるようにならない。
何度も注意しているのに、まったく改善しない。
そんなとき、子どもに言ってはいけない言葉があります。

NG

だから……

なかなか改善しない子どもへのNGワード

教師が普段、子どもたちのことをどうとらえているかという「意識」は、「無意識の言葉」に表れます。

「だから……」というのは、「だから何度も言っているのに、あなたはだめな子ね」というニュアンスが含まれます。一見すると些細なことのようでも、子どもはこのたったひと言を引きずってしまうこともあります。自分が相手から「だから……」と言われた状況を想像すると、とても嫌な気持ちになるでしょう。

相手が子どもだとしても、「子どもだから」という考え方ではなく、「一人の人間」として対峙する。当たり前のことですが、感情的になってしまうと、この当たり前が抜け落ちてしまうということもあるのです。

では、注意をくり返す場合には、どのような言い方をすればよいのか。

「もう一度言います」「これで三回目です」と言えばいいのです。

感情をぶつけるための道具として「言葉」を利用しないことです。

相手が子どもでも「一人の人間」として話す

なかなか言うことを聞いてくれない子どもには、
がみがみ言うよりもこう伝えましょう。

**先生は、あなたに
期待しているから叱っている。**

「何度言っても聞かない子ども」の叱り方

なかなか言うことを聞いてくれない子どもは、どうしても叱る回数が多くなってしまいます。くり返し叱られると、子どももがみがみ言われることに慣れてしまうので、いくら叱ってもあまり効果がなくなってしまうでしょう。

そのような悪循環を断ち切るためには、「ただ腹が立つから叱っているのではない」ということを子どもに伝えることです。

教師が感情にまかせて怒れば、叱られた子どもには、**叱られたという「印象」**だけが残ります。一方で、「期待しているから」「大事に思っているから」ということが伝われば、**何をしたから叱られたのかという「内容」**を届けやすくなるのです。そして、期待されれば、その期待に応えようとするのが人の心というものだと思います。

イライラすると、感情が先に動いてしまいがちですが、大切なのはそこでひと呼吸置くことです。私は、状況を俯瞰しているようなイメージで、子どもと自分を第三者の目から見るようにしています。そうすれば、叱るときに選ぶ言葉も変わってくるでしょう。

叱っている「内容」をきちんと届ける

言うべき意見が頭の中にあるはずなのに、
特定の子しか手が挙がっていない。
そんな教室を見渡しながらこう言います。

他人まかせでいいの？

自分から動く子どもを育てるには

この言葉のあとに「『誰かが発表して授業が進んでいくから大丈夫』という考えでは、自分は成長しないよ」と続けます。

自分で考えて動くことができる子どもを育てたいなら、発表の場面一つとってもこのような指導を重ねていくことが必要だと思います。

子どもたちの中には、「自分から動かなければいけない」という思い自体が希薄な子どももいるでしょう。ですから、私は、「自分が参加したという足跡を残していこう」「他人まかせの人生にならないようにしよう」と、折に触れて子どもたちに語っています。

そのときは、**「なぜそれをするのか」「先生はなぜそのことを言うのか」**ということもきちんと伝えるようにしています。先生にやらされて動くのではなく、**子どもが自分で考えて納得した上で動いてほしい**という思いがあるからです。

重要なことを話す場面では、その裏側にある思いや考えまで、きちんと言葉にして伝える。自分から動く子どもを育てる環境を教師が整えていくようにしましょう。

その場限りの言葉ではなく、人生で語ろう

「せこい」「いやや」「うざい」「きもい」
子どもたちからマイナスの言葉が聞こえたら、
その子の目を見て真剣に語ります。

その言葉がそのまま現実になるぞ。

子どもには「理由」とともに伝える

「マイナスの言葉を使わない」ということをクラスで徹底していても、つい口をついて出てしまう子どももいます。そのようなときは個別に注意するわけですが、大切なのは、**「なぜ先生がそう言うのか」という理由も一緒に伝える**ことです。

人が何か言葉を発すると、それを受け取った脳は、その言葉を自分のこととしてとらえるといいます。人に対して「きもい」とか「うざい」などと言っていると、それはそのまま自分のことを指す言葉となってしまう。逆に、ポジティブな言葉を使えば、それもそのまま自分にはね返ってくるというわけです。

「そんなことを子どもに……」と思われるかもしれませんが、子どもだからこそ、しっかりと伝えなければいけないのではないでしょうか。

そして忘れてはならないのが、子どもが改善できてきたと感じたら、間髪をいれずにほめること。「成長してきた。最近、言わなくなってきたな」と認める言葉もかけていきましょう。

教師自身が「言葉の持つ力」を実感する

「先生、○○さんが上靴を投げて窓ガラスが割れました」という報告が。
すぐに駆けつけたものの、窓ガラスが割れた瞬間には立ち合っていない。
現場にいる子どもにかける第一声は……

先生は知っている・・・・・・・・けれど、
きちんと自分の口で
話してくださいね。

トラブル解決のときの第一声は……

学校でトラブルが起こったとき、まず第一声を何と言うかが重要です。「あなたがやったの？」ではあまりに無防備ですし、事実確認を誤ることは避けなければいけません。

冒頭のようなシチュエーションでは、現場へ駆けつけるやいなや「このガラス、あなたが割ったの？」と言ってしまいがちです。でも、当人は「割っていません」の一点張り。こちらは決めつけることもできないし、困り果ててしまう……。

そんなとき、**「切り出し方」**を少し変えれば話し合いがうまくいく場合があります。実際に現場を見ていない場合でも、「知っている」という体《てい》で聞くのです。子どもの中には、なんとか嘘を突き通そうとする子もいるかもしれません。でも、教師が「先生はすべて知っている」と落ち着いた聞き手になれば、きちんと話してくれることも多いものです。

子どもが正直に話し始めたら、「はい、知っています」「そうだね」とあいづちを打ちます。そして「もうあなたから言うことはないんだね？」と念を押すのです。

子どもに嘘をつかせないために、教師の聞き方を工夫するということです。

子どもに嘘をつかせないのも大事な指導

教室の中に基地をつくる。机の横に得体の知れない建築物を取りつける。
他の子とはちょっと違う〝楽しみ方〟をしている子どもには、
どのような声かけをしていけばよいか――

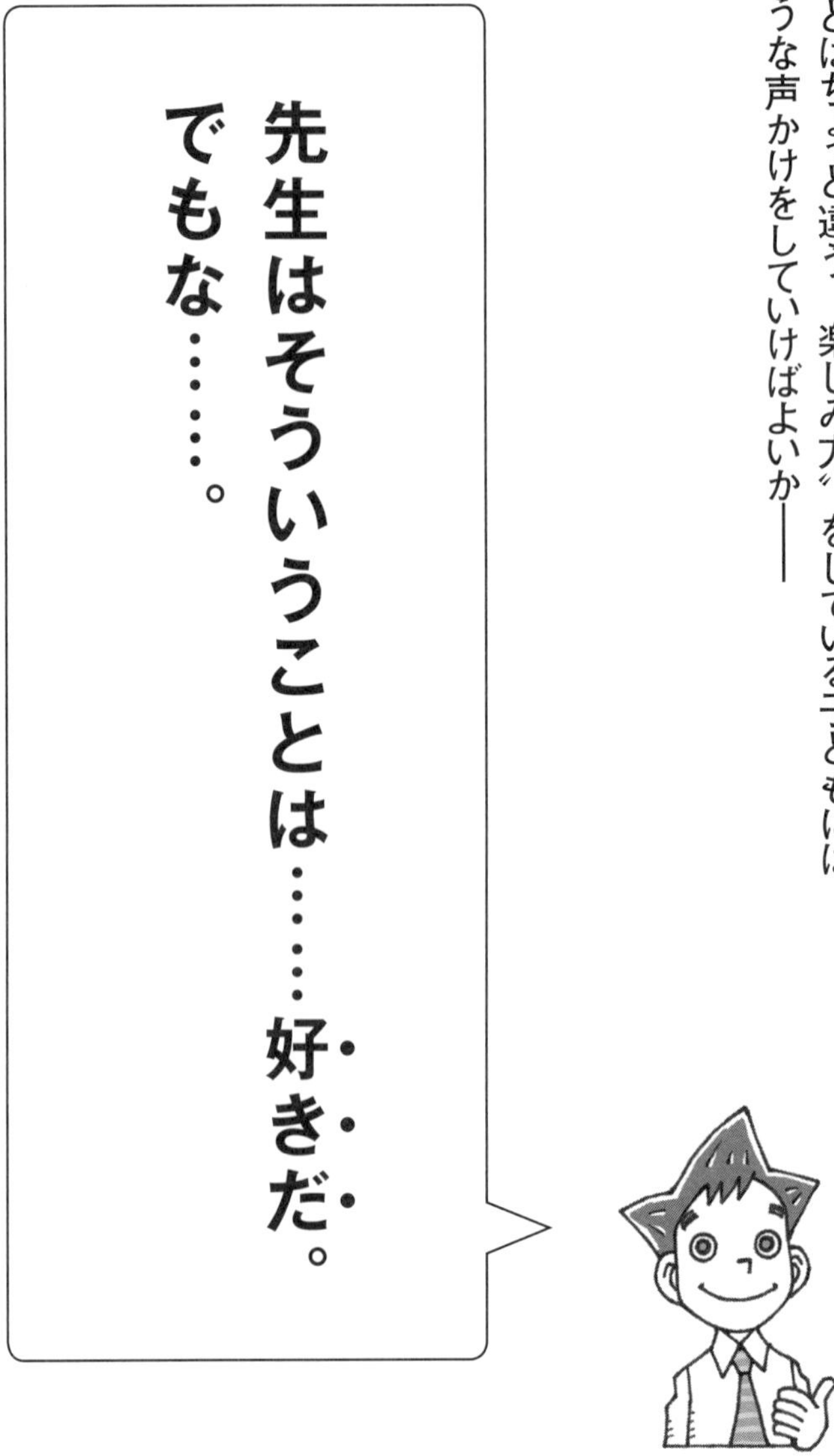

こんな苦情が出てしまったら？

一見「変なこと」をしている子どもがいて、周りの子どもたちから苦情が出てしまうということがあります。そのような〝少数派〟の子どもたちが責められるような空気をつくらないためには、教師はどちらの立場にも納得してもらうような働きかけをしていくことが重要です。

私自身、一見「変なこと」に見えることは好きなので（笑）、そういう子の冒険したい気持ちはよくわかります。ただし、**どちらか一方につくということはしません。**

苦情が出たら、私は「先生もそういうことは好きだ」とその子のことをいったん認める発言をします。まずは全員の前でその子を認めるわけです。その上で、改善しなければならない部分があれば、それを伝えます。

これなら、ちょっと違う楽しみ方が好きな子どもでも、クラスの中で居場所がなくなるということはありません。苦情を訴えてきた〝多数派〟も、「ああ、先生は私たちの気持ちをわかってくれている」と安心できることでしょう。

教師が調整役になり、教室の空気を揃えていく

column

叱るのが上手な先生を観察してみると？

叱るのが上手な先生を観察していると、ある共通点に気づきます。

それは、叱ったあとに叱られた子が変わろうとする、頑張ろうとする状態にある、ということです。

「あれ？　叱られているのにほめられている……？」

叱り方の上手な先生の様子を観察していると「叱ってはいるのだけど、子どもがほめられていると感じるように終わっている」ということに気づきました。

たとえば、ある子どもが友達と些細なことでケンカし、周りで見ていた子が教師を呼びに来るという事態になってしまった場合、次のようなやりとりになります。

T「さっき一生懸命に掃除してたやないか、そうやろ？　だから、君は気づかいができる子なんや。そうやろ？」

C「はい」
T「そこが先生も感心しているところなんだ。だから、今回のことは間違っていたと、
　すぐに気づくはずやな」
C「はい」

叱られた子どもに「変わろう」「行動を改めよう」と思ってもらうには、失敗したところだけを取り上げて叱らないことです。責められるような言い方をされれば、反発心がわいてくるのが人間というものでしょう。

その子の頑張っていることをほめたり、一生懸命なよいところを挿入しながら話をすれば、子どもも冷静に話を聞こうとする心の余裕ができます。叱るときに大切なことは、「なぜ叱っているのか」という本質を外さないことなのです。

そして、よいところをほめつつ叱るためには、子どもたちのよいところを日頃からきちんと見ておくこと。

教師が「自分のため」にしているのは〝怒る〟。

「子どものため」にしているのが、〝叱る〟なのです。

part 4

【とっさのひと言】編

教師のすごい!切り返し方

（課題が早く終わって）「先生、教科書読んでおいていいですか？」
（休み時間に）「先生、トイレに行っていいですか？」
子どもが当たり前のことを聞いてくるときは……

それはな、魚屋さんが、「魚売っていいですか？」って聞くのと同じやで。

目くじら立てずにユーモアで返す

先の言葉のあとに、「当たり前のことは聞きません」と続けます。

当たり前のことを子どもが聞いてくると、教師はつい「何度も言っているのに！」とイライラしてしまいがちです。でも、このようにユーモアで返せば、教室の雰囲気を損なってしまうこともありません。

他にも、バリエーションはいろいろとあります。

「水泳選手がオリンピックで『泳いでいいですか？』と言うのと同じやで」

「『いただきま～す！　食べていいですか？』って言うようなもんやで」

このように、〝わかりやすいにもほどがあるたとえ〟で返してみます。

もちろん、ユーモアで返したあとには、「当たり前のことは聞いてはいけない」としっかり押さえることも忘れずに。

目くじら立てずにユーモアで返す。

教師も子どもも心地よくいられる言葉を選びましょう。

ユーモアのあとは、しっかり押さえる

作文、スピーチ、音読、劇、歌。
子どもたちが表現活動をするときは、
活動の「雰囲気」を言葉にして伝えます。

**歌のお兄さんが登場したときの
笑顔で歌います。**

子どもたちを〝その気〟にさせる声かけを

「雰囲気」を言葉に落とし込む

「どんな活動なのか」、その「雰囲気」を子どもたちに伝えたいというときに、どのような言葉を選べばよいでしょうか。

それは抽象的な言葉であったり、極めて具体的なたとえであったりと様々ですが、いずれにしても子どもたちに伝わることを最優先に言葉を選びます。

・授業中に説明させる場面で…**「先生みたいに話してごらん」**
・社会見学のまとめ作文を書かせる場面で…**「説明文っぽく書きなさい」**
・学習発表会の劇の練習で…**「世界で一番偉い人が座っていると思ってやってごらん」**
・歌の指導で…**「歌のお兄さんが登場したときの笑顔で歌います」**
・自分自身を鼓舞するような詩を書かせる場面で…**「かっこつけて書きなさい」**

まずダイレクトに活動の雰囲気を伝える。これができれば、その後の活動がスムーズになります。ときにはユーモアをこめて、ときには真剣な表情で、子どもたちが動き出したくなるような言葉で伝えることです。

子どもたちが夢中になって新聞を書いている、絵を描いている。
そんなとき、言葉でほめることよりも効果のある方法があります。

デジカメで写真を撮る。

子どものやる気を起こさせる「しかけ」

子どもの作品に感動したり、感心したりするときに、記録に残すために教師がデジカメのシャッターを切る行為。これは効きます。

実際に、私がクラスの子どもたちのノートや作品を写真に撮っているとき、撮影されている子の顔はとても得意げです（笑）。写真に撮られることは、先生から認められたという証拠。子どもたちにとっては「特別なこと」なのです。

写真を撮ることだけでなく、メモする行為も同じです。面白い表現などに出合うと、私は「ちょっと待って、今メモするから」と言って子どもの前でメモを取ることがあります。メモとして記録されることもまた、子どもたちにとっては特別なのです。

このように、**メモやデジカメなどは、記録として機能するのはもちろん、「子どものやる気を起こさせるしかけ」**としての役割も果たしてくれます。

会話は何も言葉によるものだけではありません。「子どもたちにやる気を起こさせるサイン」はすべて、立派な会話術だと言えるでしょう。

デジカメに仕事させよう

話すことだけが会話術ではありません。
ときには、声に出さないで伝えるほうが、
強烈に子どもに伝わることもあります。

メッセージを書いた付箋を机に貼っておく。

「音声」ではなく「文字」で伝える

子どもたちが移動教室から帰ってくると、机に付箋のメッセージが貼られています。
①「情報量が増えた！　すごい！」
↓授業の「見開きのまとめ」を出し直した子に。
②「よく我慢したね」
↓けんかっ早い男の子が、グッと我慢できたのを目撃した少しあとに。
③「このあとよろしくお願いします！　君がたよりです!!」
↓教室をしばらく空けるので自習をさせるというとき、学級代表の子の机の上に。

書いて伝えるよさは、読み手がメッセージを咀嚼《そしゃく》する時間が生まれることです。声で言えば一瞬で消えてしまうメッセージでも、文字ならじわじわと内容を届けることができるでしょう。反対に、その場ですぐにリアクションを返すほうがいい場合には、声に出して伝えます。

声に出して伝える場面と、書いて伝える場面、状況を選んで使い分けましょう。

あえて「音声にしない」よさもある

子どもたちが集中して作業をしているとき、
その流れを断ち切ることなく「話をする」方法があります。

「ミニ黒板」に話させる。

「物言わぬモノ」に話させる!?

「ここで教師が口を開くと、今ある流れを断ち切ってしまう」と感じるような場面があります。子どもが集中して作業をしているときや、教師が何度も注意をくり返していて、もうこれ以上しゃべらないほうがいいだろうというようなときです。

そのようなときは、**「ミニ黒板」**や**「短冊黒板」**の出番です。メッセージを書き、黙って黒板に貼ることで、子どもたちに「話をする」のです。

あるとき、子どもたちが個人で活動をしている最中に、「もうだめだ、もうだめだ」としきりにつぶやいている子どもがいました。いつもならマイナスの言葉を使わないように声をかけるところですが、その状況で「○○君、そういうことは言わないよ、だってね……」などとやってはくどい気がしたのです。

そこで、ミニ黒板に「○○君、『もうだめだ』なんて悲しい言葉を言うんじゃないぞ!!」と書いて見せると……また黙って懸命に作業を始めたのでした。

書いて伝える会話術も、アイデア次第で広がっていきます。

「そのときの一番の伝え方」を考えよう

ある子どもが頑張って発言したけれど、内容がずれてしまっていた。
聞いている子どもたちもそれに気づいていて、顔をしかめている。
発言した子どもをフォローするには……

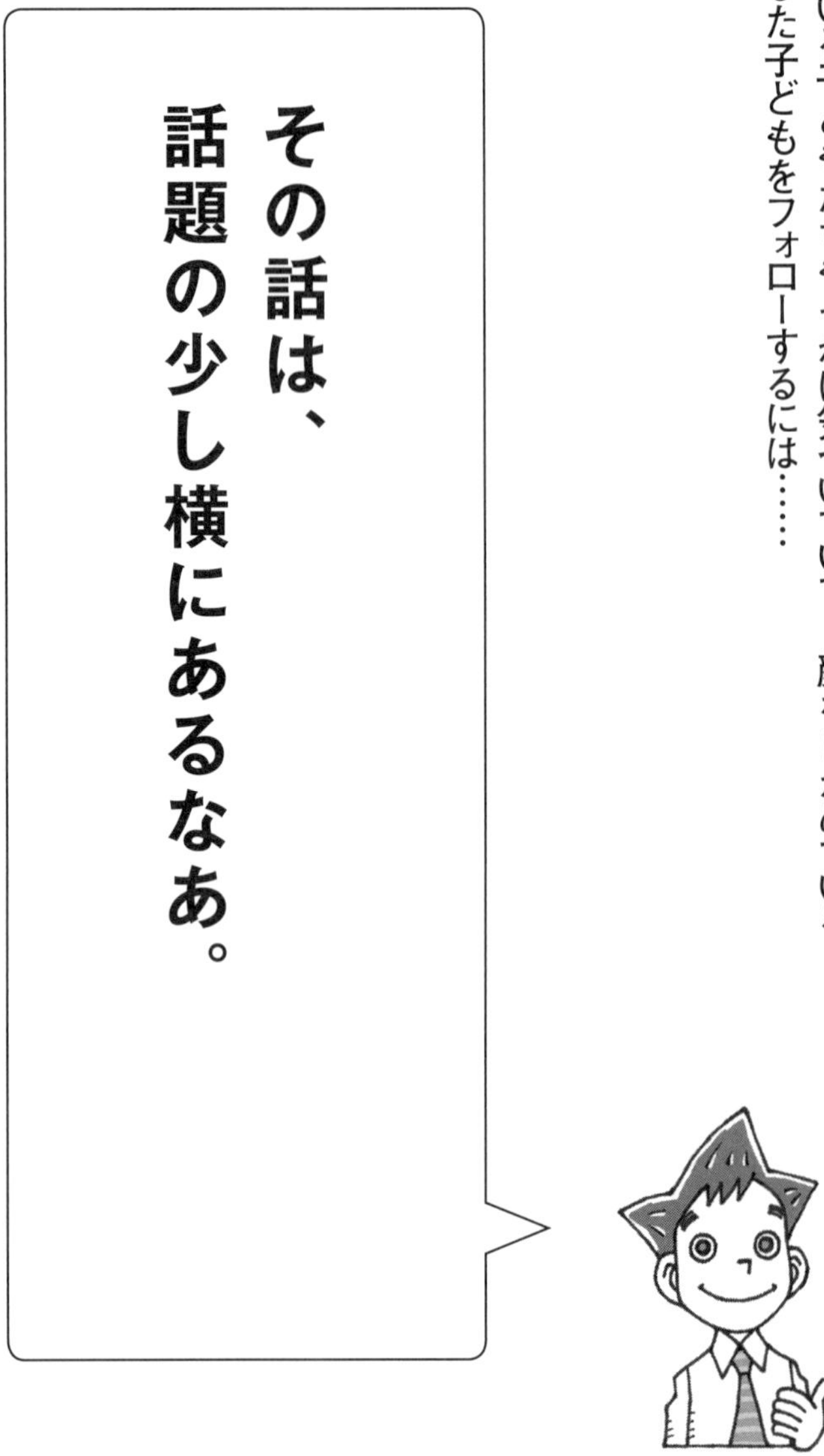

会話術における「教師の必需品」

子どもの発言がずれていた。子どもの書いた日記が短かった。話せなくて困っていた。子どもが頑張ってチャレンジしたけれど、結果的にうまくいかなかったというとき、教師がどのような対応をするか——。

対応を間違ってしまえば、その子は二度と発表したくないと思ってしまうかもしれません。書くことにコンプレックスを感じてしまうかもしれません。特に全体の前で取り上げるときなどは、心理面での配慮が重要なのです。

日記が短かったなら「一瞬で終わる日記、五連発です（笑）」と盛り上げつつ紹介する。話せなくて困っているなら「こういうこと言いたかったんじゃない？」と代わりに言ってみる。**うまくできなかった子どもが、負担に思わないような伝え方**を工夫します。

大切なのは、子どもや状況によって対応を変えていくということなので、ときには直接的に伝えたほうがいいときもあるでしょう。そのとき、その子に、一番合っているであろう対応をするということが、会話術における教師の必需品なのです。

会話術は、子どもを大事に思う気持ちから

掃除の時間になりました。
目の前に、黒板消しを手に持っている子がいる。
その子に向かって、こんなことを言っていませんか？

NG

（今まさに黒板を消そうとしている子どもに向かって）

黒板消ししてね。

ワンクッション置いて、子どもを見る

「いつ言うか」も会話術の大切なポイント

宿題に取りかかろうと思っていたちょうどそのとき、親に「宿題しなさい」と言われて、すっかりやる気が失せてしまったという体験は多くの人にあるのではないでしょうか。本人はやる気になっていても、人から強制されるようなことを言われた途端にそのやる気が失せてしまうということは、教室の中でも例外ではありません。

教室を出るとき、電気を消そうとしている係の子の背中に向かって「電気消してね」。下敷きを使おうと机の中を探している子どもに向かって「下敷きを敷きなさい」。子どものやる気に水をかけてしまうような声かけは、避けたいものです。

では、どうすればいいかと言えば、「よく見る」「待つ」ということです。**子どもに声をかける前にひと呼吸置く。子どもが何かやろうとしているのに気づいたら、まずは様子をうかがってみる。**動く前に、ワンクッション置くのがポイントです。

子どもへの声かけは、「何を言うか」と同じくらい「いつ言うか」も重要です。そのタイミングを見極めるのは、子どもを見る教師の目にかかっているということです。

子どもたちが「先生、先生!」と
自分のほうに駆け寄ってくる。
そんなとき……

NG

あとでね。

「今、この瞬間」を逃さない

会話にも〝旬〟がある

用事をたくさん抱えているとき、子どもが「先生、先生！」と駆け寄ってくることがあります。そのような場面では、つい「あとで」と言ってしまうことがあるかもしれません。でも、「先生！」と駆け寄ってくる子どもは、今この瞬間に聞いてもらいたいのです。時間が経つと、どうでもよくなってしまうかもしれません。

話しかけてくる子どもには、できるだけその場で応えるようにする。会話の〝旬〟を逃さないことです。

私は、目の前の子どもに対応すること、面と向かうことこそが、教師の仕事の本質だと考えています。**子どもからの声かけをあと回しにするほど重要なことというのは、よほどの緊急事態を除けばない**のです。

子どもが目を輝かせて話しかけてきてくれる。そして、それに応える自分。こんな場面を思い描いて教師になったのは、私だけではないと思います（笑）。初心を忘れずに子どもたちと向き合っていきましょう。

「先生、もう一回だけ。あかん？　ええやん。もう一回やらして！」
「えー、何でなん。はよ食べたんやから、おかわりさせて～や」

あははは……（真顔で）だめ。

調子に乗りすぎる子どもへの対処法

どんなクラスにも一人はいる〝やんちゃ君〟。やんちゃ君はクラスに笑いを生んでもくれますが、度を超した要求をしてくるときは、きちんと「ノー」を言うことも大切です。毅然とした対応をすることもありますが、ときには先のような切り返しをしてみる。これなら、場の雰囲気を損ねることもありません。

ユーモアは、教室になくてはならないものだと思っています。**ユーモア一つで教室が穏やかにもなるし、子どもたちのやる気もあと押ししてくれる。**ユーモアが足りないと、子ども同士の関係がぎすぎすしたり、子どもが先生に心を開いてくれないということにもつながります。

言いづらいことを口にするときほど、笑い飛ばすユーモアは効果的に働きます。真面目な中にも時折ユーモアを交ぜ込むことで、張り詰めた教室の空気がフッとゆるむ。クラスをまとめるのがうまい先生というのは、その切り替えやバランス感覚が絶妙なのです。

そして、大事なのは笑顔。「だめ」と言ったあと、私も大声で笑っています。

「ノー」にもいろいろな言い方がある

子どもたちに「もっと」工夫してほしい。
この子たちなら、「もっと」できるはずだ。
その「もっと」を次のように伝えてみます。

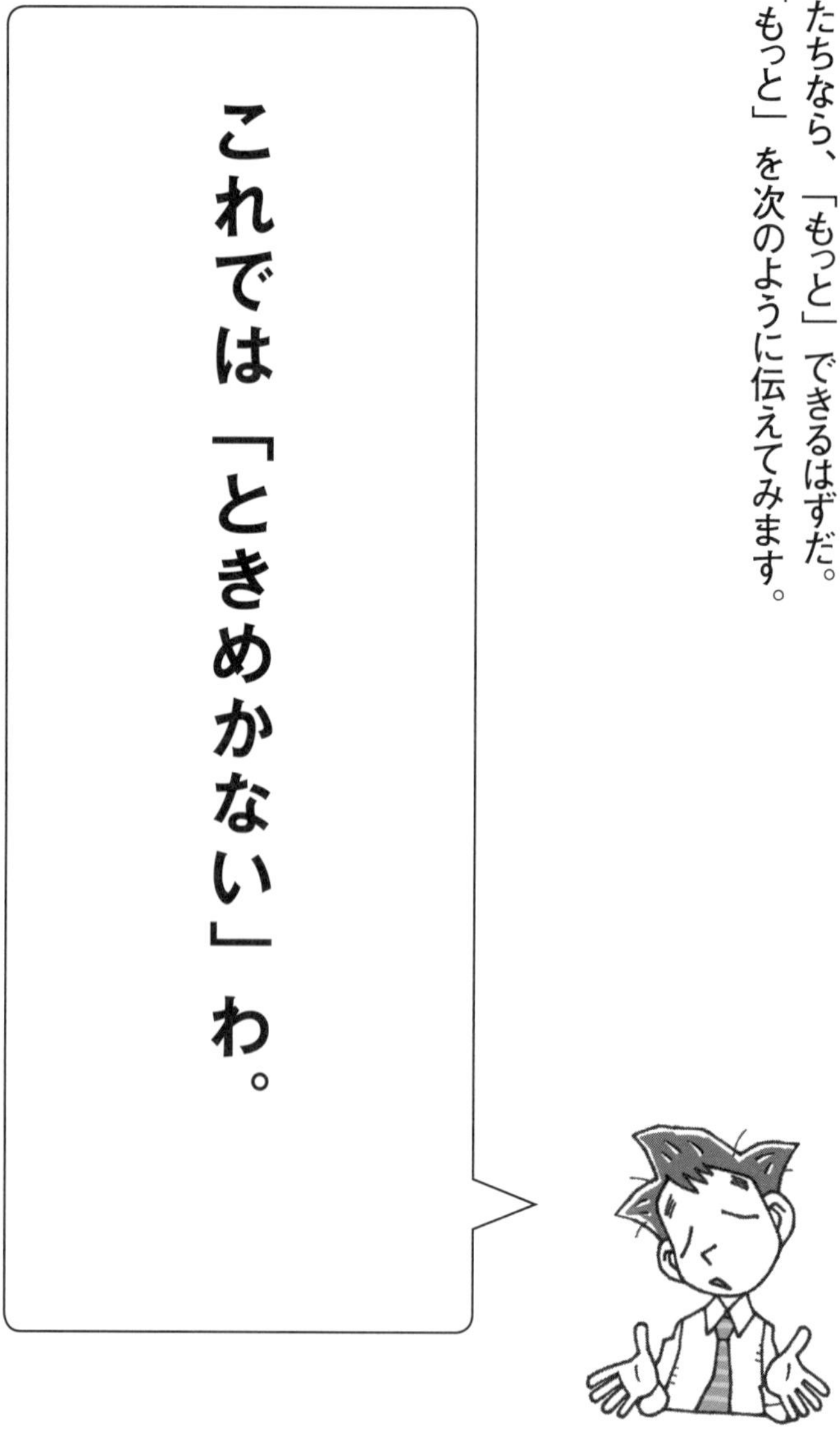

どうやって「これじゃだめなんだ」と実感させるか

「理屈」よりも「感情」で伝える

体育の時間に、ボールを使った準備運動をしたときのことです。まずは子どもたちに自由にやらせたところ、どの班もただボールを回していたり、得意な子だけが速いボールを投げ合ったりと「なんとなく」の時間が流れていました。

そこで、私は全員を集めて言いました。

「今の練習でときめく？　先生はまったくときめかないわ」。

沈黙している子どもたちを前に、「苦手な子も受けるのが上手になるような練習、受けてすぐに投げる練習、距離を伸ばす練習……工夫してやっていますか？」と投げかけました。そして、「ときめかないのは工夫がないから。もっと頭を使って、自分たちがときめくような練習をしなさい」と言いました。

子どもたちは自分で考えて動き始めました。苦手な子一人が真ん中に立ち、他の子がどんどんボールをパスしたり、全員に一通りボールを投げた子どもはグラウンドを走ったり。子どもたちオリジナルの準備運動を見て、私は**「ときめいた！」**と伝えました。

プール指導などの集団行動の場面で。
全体を静かにさせたいとき、
「静かにしなさい！」と怒鳴るよりも……

人差し指を高く上げ、口元に持ってくる。

「無言でのサイン」も会話術の一つ

子どもたちを静かにさせる行為というのは、意外と奥が深いものです。

子どもたちが「静かになる」＝「話を聞く」。ここで必要不可欠なのは、**「教師と子どもとの信頼関係」**です。子どもたちは、信頼している先生の話でなければ聞きたくありません。厳しいようですが、子どもたちの態度は、そのまま先生への評価なのです。

まず信頼関係をつくる。それを踏まえた上で先のような手もある、ということです。

この方法は、私が学生の頃、キャンプのリーダーをしていたときに学びました。自然の音も聞きながら活動したいというとき、「静かにしなさい」と声を張り上げるのでは逆にうるさくなってしまいます。だから、「無言での指サイン」が有効だったのです。

まずは、「先生がこの合図をしたらみんなも黙って返してね。いつするかわからないよ」と親指を高く上げて子どもたちにも真似をさせ、下地をつくっておきます。親指を上げるのは「注目」のサインです。慣れてきた頃に、立てる指を親指から人差し指に変えます。子どもたちが真似したらそのまま口の前に持っていけば、「シー」のポーズになります。

無言でも伝わる信頼関係を築こう

休み時間のドッジボールが終わり、教室へ。
教室へ帰る途中に、〝やんちゃ君〟にひと言。

まいりました。
完全に先生の負けだ。

「一対一」の設定で話す

休み時間に子どもたちと一緒に遊ぶことは、教師と子どもとの関係をつくる絶好の機会と言えます。特に、なかなか言うことを聞いてくれない〝やんちゃ君〟との関係づくりには、ドッジボールなどの遊びがもってこい――やんちゃ君は得てしてドッジボールのうまい子が多いからです（笑）。

ポイントは、**「教師vs.やんちゃ君」という「一対一」の設定をつくる**ことです。ドッジボール自体はみんなでやっていても、その中で二人が勝負している図式にするのです。

私は、ドッジボールを始める前に「今日は負けへんぞ」とこっそりクラスのやんちゃ君に伝え、特別視していることを宣言しました。いざ試合が始まったら、圧勝するシーンをつくったり、逆にどかんと当てられるシーンをつくったり……そして、チャイムが鳴って教室に向かう帰り道で、先の言葉をその子にポソッと伝えて握手をしました。

子どもは、教師に認められているかどうかを敏感に感じ取ります。その子が活躍できる場面で対等に接し、きちんと認めていくということが、関係づくりで大切なことです。

対等に接することで、関係が深まる

音楽会や文化祭——
大きなステージに立つ子どもたちを前に、
どのように声をかけるのか。

エースになれ！

子どもを信じて激励する

学年全体で、市内の音楽会に出演する前日のこと。同じ学年を受け持っている先生は次のように子どもたちに話したそうです。

「今まで練習、頑張りました。明日はいよいよその成果を発揮するときです。プロ野球のピッチャーはみんなプロだから、練習のときにすごい球を投げる。でも、いくら練習で調子がよくても、本番で勝てないと意味がない。どれだけ調子が悪くても本番で勝つのがエースと言われるピッチャーだ。みんなも明日エースになれ！　本番でこそ力を発揮するエースになるんやで！」

これまでは体育館で練習していた子どもたちが、いよいよ明日、大きな音楽ホールで本番を迎える。緊張している子どもたちを力強く鼓舞したわけです。

翌日、子どもたちは見事、トップバッターというプレッシャーをはねのけて、実力を発揮しました。

次の日、その先生の教室の黒板には次の文字が――「エースになったぞ！」。

子どもを鼓舞する言葉の力

column

「キャッチフレーズ」で話す

子どもの前でも大人の前でも、私が話すときに心がけていることの一つに、「キャッチフレーズでまとめながら話す」ということがあります。言い換えれば「サッとメモできるようなまとまりと印象を持ったフレーズを選択する」ということです。

本書でも、左ページの解説の最後に「注意と指示は同時にできる」（二十九ページ）といったキャッチフレーズを載せていますが、会話においても、キャッチフレーズで楔《くさび》を打ちながら話してみます。まとめの場面で使えば話の内容が相手に伝わりやすいですし、相手も内容を受け取りやすくなるので会話が安定するのです。

本書一三一ページの内容をもとに話をするなら、「ときとしてミニ黒板に書いて伝えるということも効果的です」で終わらずに、「〝物言わぬモノに話をさせる〟ということですね」までつけ足すといった具合です。

相手が子どもの場合は、このことをより意識する必要があるでしょう。「どの子にもわかりやすいキャッチフレーズで端的に話す」ということです。特に野外活動などの団体行動や運動会の練習のときなどは効果的です。

たとえば野外活動でキャンプファイアーの心得を説くとき、「仲間の炎を燃え上がらせる時間です」とまとめる。運動会のソーラン節の練習の際、「飛行機のポーズを二回くり返します」ということを指導してきていたら、「ダブル飛行機の場面でした。わかりましたか？」などと短くまとめておさえる。

このように、常日頃から「まとめて言うと？」「子どもが一度に理解できる文章の長さは？」といったことを自問しながら話す習慣を身につけたいものです。「〝言うなれば〟でくる意識を持つ」ということです（これもキャッチフレーズ!?）。

キャッチフレーズで話す意識を持つことは、自分が伝えようとしていることをもう一度客観的にとらえ直すということでもあります。そして同時に、話す内容を精選することと、伝え方を工夫することにもなるので、子どもたちにとってわかりやすい説明や指示につながっていくのです。

part 5

【教師の口癖】編

「意識」と「言葉」はつながっている!

子どもたちに勉強の大切さを伝えたいというとき、
「勉強をやらなければいけない」と言うだけでなく、
このようなことも話しましょう。

楽しくてたまらないのが勉強。

教師自身が「楽しくてたまらない勉強」をしよう

教師も、子どもと同じベクトルを持つ

「先生は昆虫が好きです。だから、昆虫採集でどこへ行こうか、どんな虫がいるか、ついつい自分で調べてしまう。こういうの、人に言われてやるものではないよね。〝楽しくてたまらない勉強〟、これが〝大人の勉強〟なんです。君たちも、自分の好きなことを見つけて調べるといい。つくるといい。たとえばカキモト君なんか、鉄道のことが大好きやろ？　それが楽しくてたまらない勉強や。そんな自主勉強をしてみよう」。

私はこのように子どもたちに語り、スキマ時間の自主勉強などを促しています。

勉強することの大切さを伝えるのでも、教師自身がそれを大事にしていれば、子どもたちにも説得力を持ってその価値を話すことができます。いつもしている勉強は、「自分の好きなことをするために必要な勉強」と語るのです。

子どもに物事の価値を伝えたいなら、教師自身もその大切さを理解して体現していることが欠かせません。目指すは、子どもと同じベクトルを持って、自分自身も成長し続ける教師になることです。

「あ、この人だ！」と思う先輩教師に出会ったら、次の瞬間には、このように話しかけます。

どうしたらできるんですか？

「学びの瞬発力」を持つ

学びのチャンスに〝予告編〟はありません。「あ！」と気づいたときには、もう目の前にある。そのチャンスをつかまえてこそ、「学ぶ」ことができるのです。

「どうしたらできるんですか？」「これどうやったんですか？」「どうやって書かせたんですか？」「ちょっとそのノート見せてもらえませんか？」――これはと思う先輩や上司に出会ったら、躊躇せずに質問をぶつけ、メモを取りましょう。

熱心に聞かれて嫌な気がする人はいないはずです。特に若いうちには学びの瞬発力こそ成長の鍵だと思っています。

教室の掲示物が素晴らしいと思ったなら、デジカメで撮らせてもらう。

気になる先輩が読んでいる本なら、タイトルを教えてもらう。

もし、周りにそんな先輩がいなかったら……大丈夫、本があります。私は、本は読むだけでなく、思いついたことや疑問を直接どんどん書き込んでいきます。「いつ著者に出会っても大丈夫」というくらい読み込めば、それは必ず血肉になるでしょう。

学びのチャンスは目の前にある

書く場合でも、話す場合でも、
リズムのよさは内容の伝わりやすさにつながります。
特に話す場合に気をつけたいのは……

NG

「え〜」「え〜っと」「あの〜」

自分の話し方の癖を意識する

研修会や講演会などに出席したとき、話者の話し方に意識を向けてみてください。話の内容がすんなり入ってこない人の話し方には、「え〜」「え〜っと」「あの〜」といった、意味のないつなぎ言葉が入っていることが多いものです。

このような言葉は、話のリズムやテンポを狂わせてしまいます。結果、話の内容までも伝わりづらくなってしまうのです。

私たち教師であれば、話すリズムは授業のリズムにも影響します。**話し方をちょっと意識するだけで、授業全体のリズムがよくなったり、子どもたちが話を聞きやすくなったりすることもある**のです。

私は普段、同僚の先生と一緒に、授業のＶＴＲ検討会をしています。そのときには必ず、話し方の癖もお互いにチェックするようにしています。

話し方というのは、書く文章とは違い、自分でその癖に気づくのが難しいものです。ときには自分の授業をビデオに撮り、話し方をチェックしてみるのもおすすめです。

「意味のない言葉」を排除する

職員室などで先生同士が話をしているとき、
こんな言葉が聞こえてくることはありませんか?

NG

うちの学校の子は……。

「うちの学校の子は……」＝「私の責任ではない」

職員室での先生同士の会話で、時々聞こえてくる言葉があります。

「うちの学校の子は、こういう子多いやろ。何でもすぐに忘れるねん。指導してもそのときだけ。すぐにしなくなる」。

これは以前、私が実際に耳にした会話なのですが、「うちの学校の子は……」と言うことは「私の責任ではない」「これ以上の指導はできない」とアピールしているのと同じことになるのです。

子どもが「指導してもすぐ忘れる」「すぐにしなくなる」状況をつくっているのは教師なのです。「教師が何もしていないから」子どもがそうなるわけですし、手を打たなければいけないのは教師の側だと考えるべきなのです。

子どもを成長させたいなら、教師も一緒に成長していくこと以外に方法はありません。

子どもができないのを子どものせいにするような言葉は、意識してなくしていくことが教師の成長にもつながります。

意識が変われば、使う言葉も変わる

職員室で、廊下の隅で。
子どもたちのことを話題にするときは、
こうありたいものです。

「陰口」でなく、「日なた口」。

子どもといつも真正面から向き合うために

クラスの子どもに「陰口を言うのをやめなさい」「人の悪口を言ってはいけません」と教えている先生は多いでしょう。その言葉が力を持つかどうかは、「教師自身の姿」次第だと思います。

教室でいつも口調の荒い先生が、「ケンカするな！」と言っても説得力はありません。これと同じで、噂大好き、陰口大好きな先生のクラスが、さっぱりネアカなクラスになることもないでしょう。

子どもの陰口を言うと、知らず知らずのうちに引け目を感じるようになります。そのくり返しで、クラスの子どもたちにもまともに向き合えなくなってしまい、距離がどんどん離れていってしまう……こういったことは実際に起こり得ます。

噂をするなら、子どものよい噂をする。

指導しなければならないことがあるなら、直接、子どもに伝える。

「陰口」ではなく、「日なた口」を合い言葉にしましょう。

「よい言葉の習慣」を身につける

選択肢が二つある。
どちらを選べばよいか迷うとき、
私はこのように考えます。

迷ったら、
難しいと思うほうを選べ。

人の成長を支える言葉

人は、「少しでもラクなほうを選びたい」「時間をかけてやるのが面倒くさい」と考えてしまう生き物です。しかし、そこで踏ん張って大変なほうを選択すれば大きく成長できますし、人生もより楽しくなる——私はそう自分に言い聞かせています。子どもにも似たようなことを話します。

たとえば、漢字練習で、子どもが二回書くのか三回書くのか迷って「先生、これどうしたらいい?」と聞いてくることがあります。

私は、「宿題でも練習でも、それは他人のためではなく自分のためにやっている」ということを話してから、**「迷ったときに、ラクなほうを選ぶか難しいほうを選ぶか、どっちが自分が成長できると思う?」**と子どもに問いかけます。それを聞いた子どもたちは、後者を選択するようになります。

その後、また子どもが尋ねてきたら、「どっちが難しい?」とだけ聞いてあげます。子どもが難しいほうを答えたら「だったらそっちだな」と背中を押します。

ラクをしても成長しない

先輩の先生に、授業のコツや指導のコツを教えてもらった――。
そのとき、こんなことを口にしてしまっていませんか?

NG

また今度やります。

「また今度」と言う人のところにチャンスは来ない

成長のチャンスを逃がす言葉

使える仕事のコツを聞いたら、すぐにその場で実行する。これは、私自身が常に気をつけていることです。

「へえ、そうすればいいんですね」「面白そうですね」まではいいですが、「また今度やります」と言った瞬間、仕事のコツは〝お蔵入り〟してしまいます。お蔵入りしたが最後、「また今度」は二度と来ないのです。

役立つ情報に出合ったら、出合ったその場で必ず「行為」に落とし込むようにします。

すぐにはできないことなら、メモをしておく――メモという行為に落とし込みます。

あるとき、若い先生に仕事のことを聞かれて、「これにいろいろ書いてあるから使うといいよ」と資料を手渡したことがありました。その先生は「また今度、使わせてもらいます」と言って、中を見ることもなくそれをそのまま棚にしまいました……（笑）。

「また今度」は成長のチャンスを失ってしまう言葉です。

「今すぐやる」を口癖にしましょう。

面倒なことを頼まれたり、
やりたくない作業に取り組むときでも、
楽しみを見つける言葉があります。

〝その道〟のエキスパートになれ。

取り組む姿勢で仕事は変わる

いわゆる〝雑用〟をするとき、面倒に感じることがあるのは、誰しも同じことでしょう。しかし、同じことをやるのであれば、「それをやることで、また引き出しが増える」と思って取り組むほうが得策です。これは決してきれいごとではなく、私の実体験からそう思うのです。さらに、やるならとことんやる。

たとえば、印刷やコピーといった作業も、ゲーム感覚でやってみると意外と楽しくなってきます。クラス全員分のプリントを印刷するのにかかる時間を、実際にストップウォッチで計ってみる。プリントのセットの仕方、ボタンを押すタイミング、コピー機の機能をいかに駆使するか……工夫のポイントは案外たくさんあります。そうして、印刷・コピーのエキスパートになればいいのです。

教室で子どもたちに接するときでも同じです。「黒板消しのエキスパート」「プリントを配るエキスパート」を誕生させましょう。

引き出しの数が、楽しみの数

column

教師の口癖がクラスの空気をつくる

「幸せな人」は「幸せな言葉」を口癖にし、「不幸な人」は「不幸な言葉」を口癖にしている——よく言われることですが、これは確かにその通りだと思います。

そして、このことは教室でもあてはまります。

「すごい！」「すばらしい！」「頑張ったなあ！」「できたじゃないか！」という言葉が口癖になっている先生のクラスは雰囲気が明るく、子どもたちも前向きで「仲間」としてまとまっています。

反対に、「あかん（だめだ）」「できない」「おまえら」「あいつは」「わけわからん子たちや」といった言葉を連発している先生のクラスは、荒れていたり、子どもたちが無気力だったりするのです。

さて、これを読んでいる先生の「口癖」は何でしょうか？

前向きなクラスをつくりたかったら、「前向きな言葉」を口癖にすればいい。

貪欲に追求していくクラスをつくりたかったら、「貪欲な言葉」を投げかけます。

もしも、無気力な集団にしたかったら……ぞっとしますが簡単です。「マイナスの言葉」や「子どもの悪口」を言えば、それは実現してしまうのです。

悪口というのは、その子がいないところで言ったとしても、それは子どもに必ず伝わってしまうものです。まだ多くの「言葉」を持っていない子どもたちですが、その分「感性」は研ぎ澄まされています。子どもは感じ取るプロなのです。

口癖のように子どもの悪口を言っている人は、それが普段の態度や言葉の端々にも自然と表れてくるものです。子どもたちはそれを敏感に感じ取ります。

口癖というのは、自分では意外と気がつかないもの。だからこそ、気をつけなければいけないと私もいつも自分を戒めています。

前向きなクラスをつくるには、まずは教師自身が「プラスの言葉」を使うことから。明るく前向きになるような会話をすることから始めましょう。

エピローグ

「言葉」「会話」をテーマにした本はずっと書きたいと思っていました。本書では収まりきらなかったことが、まだまだたくさんあります。

それだけ「言葉」は深く、ときには重い。

子どもにとって「よい言葉の使い手」とはどのようなことなのか。これからも修行は続きます。

会話は、「何を話せばよいのか」にとどまっては意味がありません。「誰が話すのか」「どのタイミングで話すのか」「何を話さないのか」それらを感じ取る心を持つことが重要だと実感しています。プロローグでも書きましたが、やはり「人間力を磨くこと」、これなしには「会話術」は身につかないということでしょう。

子どもに真摯に、前向きに、明るく接すること。そして自らが貪欲な追求者であること――「会話」という子どもたちとの一番大きな接点をいつも頭に置きつつ、人間力を磨いていきたいと思います。

すべてのスタートは、私が教師になって初めて担任することになった教室の、「森川学級」と書かれた入り口上のプレートを見上げたときでした。

今でもはっきりと覚えています。

「さあ、何を話そう？」

ドキドキしながら、ワクワクしながら。

そのときの気持ちこそ、感じた空気こそ、私が教師として仕事をする上で一番大きな原動力となっているような気がします。

今日も教室の入り口に立ち、思います。


「さあ、何を話そう！」

最後になりましたが、本書をまとめるにあたり、東洋館出版社の大崎奈津子氏には大変お世話になりました。感謝申し上げます。

新たな出会いを迎える教室で　　森川　正樹

[著者略歴]

森川正樹（もりかわ・まさき）

兵庫県生まれ。兵庫教育大学大学院言語系教育分野（国語）修了、学校教育学修士、関西学院初等部教諭。

全国大学国語教育学会会員、日本国語教育学会会員、国語教育探究の会会員、基幹学力研究会幹事、教師塾「あまから」代表、読書会「月の道」主宰、「教師の笑顔向上委員会」代表。

国語科の「書くこと指導」「言葉の指導」に力を注ぎ、「書きたくてたまらない子」を育てる実践が、朝日新聞「花まる先生」ほか、読売新聞、日本経済新聞、日本教育新聞などで取り上げられる。県内外で「国語科」「学級経営」などの教員研修、校内研修の講師をつとめる。社会教育活動では、「ネイチャーゲーム講座」「昆虫採集講座」などの講師もつとめる。

著書に、本書の第一弾となる『あたりまえだけどなかなかできない教師のすごい!仕事術』（東洋館出版社）、『先生ほど素敵な仕事はない?!―森川の教師ライフ＝ウラ・オモテ大公開―』『クラス全員が喜んで書く日記指導―言語力が驚くほど伸びる魔法の仕掛け』『小1～小6年“書く活動”が10倍になる楽しい作文レシピ100例　驚異の結果を招くヒント集』『学習密度が濃くなる“スキマ時間”活用レシピ50例―教室が活気づく、目からウロコ効果のヒント教材集―』『どの子も必ず書けるようにする国語授業の勘所―「つまずき」と「ジャンル」に合わせた指導―』（以上、明治図書）、『どの子も必ず身につく書く力』（学陽書房）他、教育雑誌連載、掲載多数。また、教師のためのスケジュールブック『TEACHER'S LOG NOTE（ティーチャーズログ・ノート）』（フォーラムA）のプロデュースもつとめる。

[社会教育活動]
「日本シェアリングネイチャー協会」ネイチャーゲームリーダー、「日本キャンプ協会」キャンプディレクター、「日本自然保護協会」自然観察指導員、「CEE」プロジェクトワイルドエデュケーター

[ブログ] 森川正樹の“教師の笑顔向上”ブログ
http://ameblo.jp/kyousiegao/

言い方ひとつでここまで変わる

教師のすごい！会話術

2014（平成26）年３月10日 初版第１刷
2019（平成31）年２月９日 初版第11刷

著　者　森川正樹
発行者　錦織圭之介
発行所　株式会社 東洋館出版社
〒113-0021 東京都文京区本駒込5-16-7
営業部　電話 03-3823-9206／FAX 03-3823-9208
編集部　電話 03-3823-9207／FAX 03-3823-9209
振替　00180-7-96823
URL http://www.toyokan.co.jp
装　幀　水戸部 功
イラスト　大森眞司
印刷・製本　藤原印刷株式会社

ISBN978-4-491-02991-7　Printed in Japan